KLASSIKER
DR. OETKER
—VERLAG—
SEIT 1891

SCHNELL UND EINFACH VON A–Z

DIE DR. OETKER GELING-GARANTIE

UNSER VERSPRECHEN

Liebe Leserin, lieber Leser,

mit den Rezepten in unseren Koch- und Backbüchern möchten wir Sie und Ihre Lieben glücklich machen. Zum Glück braucht es den Erfolg, und den kaufen Sie mit jedem Dr. Oetker Buch gleich mit.

Dafür gibt es die *Dr. Oetker Geling-Garantie*. Sie ist unser Versprechen, dass alle Rezepte aus diesem Buch ganz einfach und sicher gelingen. Die Geling-Garantie startet schon bei der Zutatenliste: Alle Zutaten, die wir verwenden, sollten Sie leicht in Ihrem Supermarkt vor Ort einkaufen können. Jeder Zubereitungs-Schritt ist klar und einfach nachvollziehbar.

Eine Garantie können wir Ihnen aber auch deshalb mit gutem Gewissen geben, weil alle Rezepte dieses Buches von unserem erfahrenen Team entwickelt wurden. Anschließend haben wir jedes Gericht in einer ganz normalen Küche nachgekocht oder nachgebacken. Immer wieder. So lange, bis wir uns sicher waren, dass es gelingt. Und zwar auch bei Ihnen zu Hause.

Was wir versprechen, halten wir auch. Sollte beim Kochen oder Backen eines unserer Rezepte dennoch etwas danebengehen oder Ihnen einfach nicht schmecken, dann lassen Sie es uns wissen. Schreiben Sie oder rufen Sie uns an! Wir werden das Rezept nochmals kritisch prüfen und Ihnen helfen, herauszufinden, woran es gelegen haben könnte. Sie erreichen uns über die Dr. Oetker Service-Hotline unter: 00 800-71 72 73 74, Mo–Fr 8:00–18:00 Uhr sowie Sa 9:00–15:00 Uhr. Oder schreiben Sie uns eine E-Mail unter: redaktion-oetker@zsverlag.de

Natürlich freuen wir uns aber auch über weitere Rückmeldungen und auch über Lob. Ihre Ideen, Kommentare und Fragen können Sie jederzeit auch über Facebook posten: www.facebook.com/Dr.OetkerVerlag. Wir sind für Sie da. Garantiert.

Mit herzlichen Grüßen
Ihre Dr. Oetker Redaktion

ALLGEMEINE HINWEISE ZU DEN REZEPTEN

Lesen Sie vor der Zubereitung – besser noch vor dem Einkauf – das Rezept einfach einmal vollständig durch. Aus dem Zusammenhang werden die Zubereitungs-Schritte deutlicher und verständlicher.

PORTIONSANGABEN

Die Anzahl der Portionen finden Sie in jedem Rezept ausgewiesen.

ARBEITSSCHRITTE

Die Zutaten sind in der Reihenfolge ihrer Verarbeitung aufgeführt. Jeder Arbeitsschritt ist einzeln hervorgehoben und extra nummeriert. So haben wir die Rezepte für Sie auch entwickelt und ausprobiert.

ZUBEREITUNGSZEIT UND GARZEIT

Die angegebene Zubereitungszeit schließt die Dauer der Vorbereitung und die eigentliche Zubereitung mit ein. Sie ist ein Anhaltswert und kann je nach individuellem Geschick oder Übung natürlich ein wenig variieren. Längere Wartezeiten, wie zum Beispiel Kühl- oder Abkühlzeiten oder auch Auftauzeit sind in der Regel nicht in der Zubereitungszeit enthalten. Einzige Ausnahme: In dieser Zeit sind parallel andere Arbeitsschritte zu tun. Die Garzeiten sind gesondert ausgewiesen. Bei einigen Rezepten setzt sich die Gesamt-Garzeit aus mehreren Teil-Garzeiten zusammen.

BACKOFENEINSTELLUNG UND BACKZEITEN

Die in den Rezepten angegebenen Backtemperaturen und Backzeiten sind Richtwerte, die je nach individueller Hitzeleistung Ihres Backofens über- oder unterschritten werden können. Prüfen Sie nach Beendigung der angegebenen Backzeit ob das Gericht gar ist.
Die Temperaturangaben in diesem Buch beziehen sich auf Elektrobacköfen. Die Temperatur-Einstellungsmöglichkeiten für Gasbacköfen variieren je nach Hersteller, sodass wir keine allgemeingültigen Angaben machen können. Bitte beachten Sie deshalb bei der Einstellung des Backofens die Gebrauchsanleitung des Herstellers. Ein Backofenthermometer eignet sich dabei gut, um die Backofentemperatur im Blick zu haben.

EINSCHUBHÖHE

In den Rezepten in diesem Buch ist die Einschubhöhe immer dann die Mitte des Backofens, wenn nichts anderes angegeben ist.

HINWEISE ZU DEN NÄHRWERTEN

Bei den Nährwertangaben in den Rezepten handelt es sich um auf- bzw. abgerundete ganze Werte. Aufgrund von ständigen Rohstoffschwankungen und/oder Rezepturveränderungen bei Lebensmitteln kann es zu Abweichungen kommen. Die Nährwertangaben dienen daher lediglich Ihrer Orientierung und eignen sich nur bedingt für die Berechnung eines Diätplans.

ABKÜRZUNGEN UND SYMBOLE

EL	Esslöffel
TL	Teelöffel
Msp.	Messerspitze
Pck.	Packung/Päckchen
g	Gramm
kg	Kilogramm
ml	Milliliter
l	Liter
evtl.	eventuell
geh.	gehäuft
gestr.	gestrichen
gem.	gemahlen
ger.	gerieben
TK	Tiefkühlprodukt
°C	Grad Celsius

Kalorien-/Nährwertangaben

E	Eiweiß
F	Fett
Kh	Kohlenhydrate
kcal	Kilokalorie

Symbole

◔	Zubereitungs-/Garzeit
✚	Vegetarisch/Laktosefrei/Vegan
▲	Mit Alkohol

ALLGÄUER KÄSESUPPE

- Zubereitungszeit: 30 Minuten
- ▲ Mit Alkohol

ZUTATEN FÜR 4 PORTIONEN

200 g Weißbrot
750 ml Fleischbrühe
400 g ger. Allgäuer Emmentaler
250 ml trockener Weißwein
Salz
1 Prise Zucker
1 EL klein geschnittene Petersilie

PRO PORTION:

E: 33 g, F: 32 g, Kh: 23 g, kcal: 550

1. Die Rinde von dem Brot entfernen. Das Brot in Würfel schneiden.

2. Die Brühe in einem Topf zum Kochen bringen. Die Brotwürfel hinzugeben, kurz aufkochen lassen und anschließend pürieren.

3. Den Käse langsam nach und nach unter Rühren in die Brühe geben. Anschließend noch den Weißwein hinzugießen.

4. Die Suppe unter Rühren nochmals erhitzen, mit Salz und Zucker abschmecken.

5. Die Allgäuer Käsesuppe mit Petersilie bestreuen und servieren.

APFEL-SELLERIE-PÜREE MIT KASSELER

Zubereitungszeit: 30 Minuten

ZUTATEN FÜR 3 PORTIONEN

2 große Zwiebeln
½ Bund frischer Majoran oder
1 ½ TL gerebelter Majoran
750 g Knollensellerie
(vorbereitet gewogen etwa 500 g)
600 g mehligkochende Kartoffeln
1–2 säuerliche Äpfel (etwa 300 g), z. B. Boskop
3 EL Sonnenblumenöl
Salz
gem. Pfeffer
500 ml heiße Gemüsebrühe
6 Scheiben magerer Kasseler-Aufschnitt
(80–90 g)

PRO PORTION:

E: 12 g, F: 12 g, Kh: 44 g, kcal: 337

1. Zwiebeln abziehen, zuerst in Scheiben schneiden, dann in Ringe teilen. Frischen Majoran abspülen und trocken tupfen. Sellerie putzen, schälen, abspülen und abtropfen lassen. Kartoffeln schälen, abspülen und abtropfen lassen. Sellerie und Kartoffeln in 2–3 cm große Würfel schneiden. Die Äpfel abspülen, abtrocknen, vierteln, entkernen und in schmale Spalten schneiden.

2. Sonnenblumenöl in einem Topf erhitzen. Die Apfelspalten darin unter vorsichtigem Wenden etwa 1 Minute zartbraun anbraten, herausnehmen und auf einem Teller zugedeckt warm stellen.

3. Zwiebelringe in dem Topf in dem Bratfett unter Rühren braun rösten, herausnehmen und ebenfalls auf dem Teller zugedeckt warm halten.

4. Sellerie- und Kartoffelwürfel in den Topf geben und im verbliebenen Bratfett kurz andünsten. Die Sellerie-Kartoffel-Mischung mit Salz, Pfeffer und Majoran würzen. Die heiße Brühe hinzugießen und zugedeckt zum Kochen bringen. Sellerie- und Kartoffelwürfel bei schwacher Hitze 12–14 Minuten garen. Dann die Majoranstängel herausnehmen.

5. Kartoffeln und Sellerie abgießen, dabei den Kochfond auffangen. Kartoffeln und Sellerie mit einem Kartoffelstampfer fein zerdrücken. Nach und nach so viel Kochfond hinzugießen und gründlich untermischen, bis ein cremiges Püree entsteht. Das Püree mit Salz und Pfeffer abschmecken.

6. Das Sellerie-Apfel-Püree mit Apfelspalten, Zwiebelringen und Kasselerscheiben auf Tellern anrichten.

APFEL-SELLERIE-SALAT MIT PUTENSCHNITZELN

Zubereitungszeit: 30 Minuten

ZUTATEN FÜR 4 PORTIONEN

FÜR DIE VINAIGRETTE:

4 EL Apfelessig
3 EL Ahornsirup
2 EL mittelscharfer Senf
2 EL Walnussöl
3 EL Sonnenblumenöl
Salz
gem. Pfeffer

FÜR DEN SALAT UND DIE SCHNITZEL:

1 rotschaliger Apfel
600 g Knollensellerie
25 g gesalzene, geröstete Pekannusskerne
½ Bund Schnittlauch
100 g Romana-Salatherzen
4 dünne Putenschnitzel (je etwa 80 g)
2 EL Sonnenblumenöl
1 EL frische Thymianblättchen
2 EL Orangenmarmelade

PRO PORTION:

E: 23 g, F: 24 g, Kh: 26 g, kcal: 408

1. Essig mit Ahornsirup und Senf verrühren. Walnuss- und Sonnenblumenöl unterschlagen. Die Vinaigrette mit Salz und Pfeffer würzen.

2. Apfel abspülen, abtrocknen und mit der Schale bis zum Kerngehäuse auf der Haushaltsreibe grob raspeln. Die Apfelraspel sofort mit der Vinaigrette vermischen.

3. Sellerie schälen, abspülen, abtropfen lassen und ebenfalls grob raspeln. Auch die Sellerieraspel sofort mit der Vinaigrette vermischen.

4. Pekannusskerne grob hacken. Schnittlauch abspülen, trocken tupfen und in Röllchen schneiden.

5. Salat putzen. Salatblätter vom Strunk zupfen und vorsichtig abspülen, aber nicht drücken. Den Salat in einem Sieb gut abtropfen lassen oder trocken schleudern. Salatblätter in feine Streifen schneiden.

6. Die Putenschnitzel mit Küchenpapier abtupfen, mit Salz und Pfeffer würzen. Sonnenblumenöl in einer Pfanne erhitzen. Die Putenschnitzel darin von jeder Seite bei starker Hitze etwa 2 Minuten braten. Dann Thymian und Orangenmarmelade hinzugeben und unterrühren. Die Pfanne von der Kochstelle nehmen.

7. Sellerie-Apfel-Salat mit Romana-Salat, Pekannusskernen und Schnittlauchröllchen vermischen und mit den Putenschnitzeln anrichten.

BEILAGE:

Dazu passen getoastete Fladenbrotscheiben.

AUSTERNPILZ-AVOCADO-CARPACCIO

- Zubereitungszeit: etwa 30 Minuten, ohne Abkühlzeit
- + Vegan

ZUTATEN FÜR 4 PORTIONEN

50 g Pinienkerne
3 Tomaten
Saft von ½ Limette (etwa 1 EL)
Salz
gem. Pfeffer
3 EL Olivenöl
2 reife Avocados
1 Zwiebel
1 Knoblauchzehe
400 g Austernpilze (Austernseitlinge)
2 EL Olivenöl
etwa 6 Stängel Basilikum

PRO PORTION:

E: 9 g, F: 41 g, Kh: 6 g, kcal: 429

1. Die Pinienkerne in der Pfanne ohne Fett anrösten und auf einem Teller erkalten lassen.

2. Die Tomaten abspülen, abtrocknen, halbieren und die Stängelansätze herausschneiden. Die Tomaten fein würfeln. Die Tomatenwürfel mit dem Limettensaft verrühren, mit Salz und Pfeffer würzen. Das Olivenöl unterrühren.

3. Die Avocados halbieren, entsteinen, schälen und das Fruchtfleisch in feine Scheiben schneiden. Einen großen, flachen Teller oder 4 kleine Teller fächerförmig mit den Avocadoscheiben auslegen. Sofort die Tomaten-Vinaigrette darauf verteilen (damit sich die Avocadoscheiben nicht dunkel verfärben).

4. Zwiebel und Knoblauch abziehen und fein hacken. Die Austernpilze putzen, evtl. mit Küchenpapier abreiben. Große Pilze halbieren oder vierteln.

5. Das Olivenöl in der Pfanne erhitzen. Zwiebel und Knoblauch darin andünsten. Die Pilze portionsweise darin anbraten, mit Salz und Pfeffer würzen. Die gebratenen Austernpilze auf den Avocadospalten anrichten.

6. Basilikum abspülen, trocken tupfen und die Blättchen abzupfen. Das Carpaccio mit den Basilikumblättchen und den Pinienkernen bestreut servieren.

TIPP:

Avocadofrüchte reifen nach der Ernte nach. Essreife Avocados erkennt man daran, dass die Schale auf leichten Fingerdruck nachgibt.

AVOCADO-SALAT MIT FEURIGEM LACHSFILET

Zubereitungszeit: 30 Minuten
Garzeit: 8–10 Minuten

ZUTATEN FÜR 4 PORTIONEN

4 Lachsfilets (ohne Haut, je etwa 150 g)
6 EL Limettensaft
6 EL flüssiger Honig
4 EL mittelscharfer Senf
1 EL gem. Ingwer
1 EL Chiliflocken
Salz
4 EL Olivenöl
2 Mini-Salatgurken (etwa 200 g)
2 reife Avocados (etwa 550 g)
4 große Römersalatblätter
½ Bund Koriander

PRO PORTION:

E: 32 g, F: 45 g, Kh: 29 g, kcal: 651

1. Den Backofen vorheizen.
Ober-/Unterhitze: 180–200 °C
Heißluft: 160–180 °C

2. Lachsfilets unter fließendem kalten Wasser abspülen und trocken tupfen. Die Filets nebeneinander in eine Auflaufform (mit Backpapier ausgelegt) legen. 2 Esslöffel vom Limettensaft mit 4 Esslöffeln vom Honig und 2 Esslöffeln Senf verrühren. Ingwer und Chiliflocken unterrühren. Die Lachsfilets damit bestreichen und mit Salz bestreuen.

3. Die Form auf dem Rost auf mittlerer Einschubleiste in den vorgeheizten Backofen schieben. Die Lachsfilets 8–10 Minuten garen.

4. Restlichen Limettensaft mit dem restlichen Honig und Senf verrühren. Olivenöl unterschlagen. Die Vinaigrette mit Salz abschmecken.

5. Gurken schälen und die Enden abschneiden. Gurken in dünne Scheiben schneiden. Avocados längs halbieren und den Stein herauslösen. Avocados schälen und das Fruchtfleisch längs in dünne Spalten schneiden. Avocadospalten und Gurkenscheiben mit der Vinaigrette mischen.

6. Römersalatblätter abspülen, trocken tupfen und in feine Streifen schneiden. Koriander abspülen, trocken tupfen und die Blättchen von den Stängeln zupfen. Blättchen ebenfalls in Streifen schneiden. Römersalat und Koriander unter den Avocado-Salat rühren. Den Salat mit den Lachsfilets servieren.

BEILAGE:

Servieren Sie dazu frisches Baguette.

BAUERNBROT MIT GRUYÈRE

- Zubereitungszeit: 20 Minuten
  Überbackzeit: etwa 7 Minuten
- ▲ Mit Alkohol
- + Vegetarisch

ZUTATEN FÜR 2 PORTIONEN

125 g Gruyère-Käse im Stück
1 Ei (Größe S oder M)
1 EL trockener Weißwein oder Gemüsebrühe
½ Knoblauchzehe
ger. Muskatnuss
gem. Pfeffer
4 Scheiben Bauernbrot
evtl. Paprikapulver edelsüß oder rosenscharf
evtl. Schnittlauchhalme

PRO PORTION:

E: 25 g, F: 23 g, Kh: 42 g, kcal: 487

1. Den Backofen vorheizen.
Ober-/Unterhitze: etwa 220 °C
Heißluft: etwa 200 °C

2. Den Käse fein in eine Schüssel reiben. Ei, Wein oder Gemüsebrühe hinzufügen. Die Zutaten gut verrühren. Knoblauch abziehen, durch eine Knoblauchpresse drücken oder fein hacken und hinzufügen. Die Käsemasse mit Muskat und Pfeffer würzen.

3. Die Bauernbrotscheiben mit der Käsemasse dick bestreichen und auf einen Backofenrost (mit Backpapier belegt) legen. Den Rost in den vorgeheizten Backofen schieben. Die Brote etwa 7 Minuten überbacken.

4. Die Käsebrote nach Belieben mit etwas Paprika bestäuben, mit abgespülten, trocken getupften Schnittlauchhalmen garnieren und sofort genießen.

TIPPS:

Noch schneller und noch etwas preiswerter gelingen die Brote, wenn Sie 150 g fertig geriebenen Gouda- oder Pizzakäse statt Gruyère verwenden. Die Brote schmecken dann allerdings nicht so kräftig-würzig. Wer es weniger herzhaft mag, nimmt kein Bauern-, sondern Toastbrot.

BEILAGE:

Reichen Sie dazu gemischte Rohkost wie klein geschnittene Radieschen, Tomaten, Salatgurke oder Paprikaschote.

BLUMENKOHLCURRY

- Zubereitungszeit: 30 Minuten
- + Vegetarisch

ZUTATEN FÜR 4 PORTIONEN

800 g Blumenkohl
200 g Lauch
2 Möhren (etwa 200 g)
1 Schalotte
1 rote Pfefferschote
20 g Joghurt-Butter
½ gestr. TL Salz
2 gestr. TL Currypulver
1 TL gem. Piment
50–60 ml Zitronensaft
6 EL Wasser
1–2 TL flüssiger Honig
300 g Joghurt (1,5 % Fett)
4 hart gekochte Eier

PRO PORTION:

E: 14 g, F: 11 g, Kh: 16 g, kcal: 218

1. Von dem Blumenkohl die Blätter entfernen und den Strunk abschneiden. Blumenkohl in kleine Röschen teilen, abspülen und abtropfen lassen. Lauch putzen, die Stange längs halbieren, gründlich waschen, abtropfen lassen und in Streifen schneiden. Möhren putzen, schälen, abspülen und abtropfen lassen. Möhren in dünne Scheiben schneiden. Schalotte abziehen und klein würfeln. Pfefferschote halbieren, entstielen, entkernen und die Scheidewände entfernen. Schote abspülen, abtropfen lassen, in feine Streifen schneiden.

2. Die Joghurt-Butter in einem großen Topf zerlassen. Schalottenwürfel und Pfefferschotenstreifen darin andünsten. Möhrenscheiben und Lauchstreifen hinzufügen und unter Rühren kurz mitdünsten lassen. Die Blumenkohlröschen hinzugeben, mit Salz, Curry und Piment würzen. Zitronensaft, Wasser und Honig hinzufügen. Blumenkohlcurry etwa 10 Minuten unter gelegentlichem Rühren dünsten. Joghurt unter das Blumenkohlcurry rühren (das Curry nicht mehr kochen lassen), evtl. nochmals mit den Gewürzen abschmecken.

3. Eier pellen und vierteln. Blumenkohlcurry mit den Eierspalten garniert servieren.

BLUMENKOHL-PFANNE MIT ORECCHIETTE-NUDELN

● Zubereitungszeit: 25 Minuten, ohne Abkühlzeit

ZUTATEN FÜR 4 PORTIONEN

4 Eier
2 Frühlingszwiebeln
75 g roher Schinken in Scheiben
50 g Butter
4 EL Semmelbrösel
1 TL fein abgeriebene Schale von 1 Bio-Zitrone
500 g vorbereitete Blumenkohlröschen (frisch oder TK)
2 EL Speiseöl, z. B. Rapsöl
125 ml Gemüsebrühe
200 g Schlagsahne
Salz
gem. Pfeffer
ger. Muskatnuss
2 ½–3 l Wasser
2 ½–3 gestr. TL Salz
250–300 g Orecchiette (Öhrchennudeln)
1 TL Weizenmehl

PRO PORTION:

E: 25 g, F: 39 g, Kh: 64 g, kcal: 710

1. Eier in kochendem Wasser wachsweich kochen. In der Zwischenzeit die Frühlingszwiebeln putzen, abspülen, abtropfen lassen und in Scheiben schneiden. Schinken in Streifen schneiden. Butter in einer großen Pfanne zerlassen. Schinkenstreifen darin knusprig braten, herausnehmen und auf Küchenpapier abtropfen lassen. Semmelbrösel und Zitronenschale in dem verbliebenen Bratfett unter Rühren goldbraun rösten, herausnehmen und auf einem Teller abkühlen lassen. Die Eier abschrecken und warm stellen.

2. Die frischen Blumenkohlröschen abspülen und trocken tupfen. TK-Röschen auftauen lassen. Speiseöl zum Bratfett in die Pfanne geben. Blumenkohlröschen darin unter vorsichtigem Wenden leicht anbraten. Frühlingszwiebelscheiben hinzugeben und kurz mitbraten lassen. Mit Brühe und der Hälfte der Sahne ablöschen. Mit Salz, Pfeffer und Muskat würzen. Die Zutaten zum Kochen bringen und zugedeckt etwa 5 Minuten dünsten.

3. In der Zwischenzeit das Wasser in einem großen Topf zugedeckt zum Kochen bringen. Dann Salz und Nudeln hinzugeben. Die Nudeln im geöffneten Topf bei mittlerer Hitze nach Packungsanleitung bissfest kochen, dabei gelegentlich umrühren.

4. Restliche Sahne mit Mehl anrühren, unter Rühren zu den Blumenkohlröschen geben und unter vorsichtigem Rühren kräftig aufkochen. Die gegarten Nudeln in ein Sieb geben und abtropfen lassen. Nudeln zu den Blumenkohlröschen in die Pfanne geben und gut vermischen. Nochmals mit den Gewürzen abschmecken. Eier pellen und halbieren. Orecchiette mit Blumenkohl, Eierhälften, Semmelbröseln und Schinkenstreifen auf Tellern anrichten.

TIPP:

Das Gericht schmeckt auch lecker mit Brokkoliröschen. Dann Brokkoliröschen aber nur kurz anbraten und anschließend nur 2–3 Minuten garen.

BOHNENEINTOPF

Zubereitungszeit: 30 Minuten
+ Vegan

ZUTATEN FÜR 4 PORTIONEN

3 Möhren (etwa 300 g)
4 vorwiegend festkochende Kartoffeln (etwa 400 g)
1 Zwiebel
1 EL Speiseöl, z. B. Sonnenblumenöl
1 l Gemüsebrühe
2 Lorbeerblätter
2 Tomaten (etwa 200 g)
1 Zucchini (etwa 375 g)
530 g abgetropfte, weiße Bohnen mit Suppengrün (aus der Dose)
Salz, gem. Pfeffer, ger. Muskatnuss

PRO PORTION:

E: 12 g, F: 4 g, Kh: 36 g, kcal: 233

1. Möhren putzen, schälen, abspülen und abtropfen lassen. Möhren längs halbieren und quer in Scheiben schneiden. Kartoffeln schälen, abspülen, abtropfen lassen und in kleine Würfel schneiden. Zwiebel abziehen und klein würfeln.

2. Speiseöl in einem Topf erhitzen. Möhrenscheiben, Kartoffel- und Zwiebelwürfel darin bei mittlerer Hitze in 3–4 Minuten unter gelegentlichem Rühren andünsten. Gemüsebrühe hinzugießen. Lorbeerblätter hinzufügen und alles zum Kochen bringen. Den Eintopf zugedeckt etwa 5 Minuten bei mittlerer Hitze kochen lassen.

3. In der Zwischenzeit Tomaten abspülen, abtrocknen, halbieren und die Stängelansätze herausschneiden. Tomatenhälften in Spalten schneiden und jeweils quer halbieren. Die Zucchini abspülen, abtrocknen und die Enden abschneiden. Zucchini in Würfel schneiden.

4. Tomatenstücke, Zucchiniwürfel und Bohnen zum Eintopf in den Topf geben und wieder zum Kochen bringen. Den Eintopf weitere etwa 5 Minuten kochen lassen, bis das Gemüse und die Kartoffeln gar sind.

5. Den Bohneneintopf mit Salz, Pfeffer und Muskat abschmecken. Vor dem Servieren die Lorbeerblätter entfernen.

REZEPTABWANDLUNG:

Für einen **Bohneneintopf mit Birne** (4 Portionen) die Zucchini weglassen und stattdessen 2 Birnen (je etwa 150 g) verwenden. Möhren, Kartoffeln und Zwiebeln in Speiseöl andünsten, dann etwa 5 Minuten in Brühe garen. In der Zwischenzeit die Birnen abspülen, abtrocknen, vierteln, entkernen, in Stücke schneiden, mit den Tomaten und Bohnen in die Brühe geben und alles etwa 5 Minuten weitergaren. Den Eintopf mit Paprikapulver edelsüß, Bohnenkraut, Salz und Pfeffer würzen.

BOHNENSALAT MIT STEAKSTREIFEN

Zubereitungszeit: 30 Minuten
+ Laktosefrei

ZUTATEN FÜR 2 PORTIONEN

200 g grüne Buschbohnen oder Keniabohnen
2 kleine rote Zwiebeln
evtl. 200 g Rucola (Rauke)
250 g Roma-Cherrytomaten oder Cocktailtomaten
250 g abgetropfte weiße Riesenbohnen (aus der Dose)
2 Scheiben Roastbeef (je etwa 200 g, Zimmertemperatur)
6–8 EL Olivenöl
Salz
gem. Pfeffer
6 EL Sherryessig oder weißer Balsamico-Essig
2 TL rosa Pfefferbeeren, getrocknet
etwas flüssiger Honig
1 Handvoll frische Kräuter oder 25 g TK-Salatkräuter

PRO PORTION:

E: 55 g, F: 30 g, Kh: 37 g, kcal: 640

1. Von den Bohnen die Enden abschneiden, evtl. abfädeln. Bohnen abspülen und abtropfen lassen. Die Bohnen in einem Topf in kochendem Salzwasser etwa 8 Minuten bissfest garen.

2. In der Zwischenzeit Zwiebeln abziehen, in Spalten schneiden und auseinanderblättern. Evtl. Rucola verlesen und die dicken Stängel abschneiden. Rucola abspülen und trocken tupfen. Tomaten abspülen, trocken tupfen, halbieren und die Stängelansätze herausschneiden. Riesenbohnen evtl. mit kaltem Wasser abspülen und abtropfen lassen.

3. Die Roastbeefscheiben mit Küchenpapier abtupfen, jeweils den Fettrand mit der Sehne abschneiden und das Fleisch in Streifen schneiden.

4. Die gegarten Bohnen in ein Sieb geben, mit eiskaltem Wasser abschrecken und abtropfen lassen.

5. Die Hälfte des Olivenöls in einer Pfanne erhitzen. Die Fleischstreifen darin von allen Seiten kurz und scharf anbraten, herausnehmen. Mit Salz und Pfeffer würzen.

6. Grüne Bohnen oder Keniabohnen, Riesenbohnen, Tomatenhälften, Zwiebelspalten und Fleischstreifen in eine Schüssel geben. Essig mit Pfefferbeeren, Honig und abgespülten, trocken getupften und klein geschnittenen Kräutern verrühren. Restliches Olivenöl unterschlagen. Die Marinade mit den Salatzutaten vermischen.

7. Nach Belieben Rucola auf einer runden Platte anrichten. Den Bohnensalat mit den Steakstreifen darauf anrichten.

TIPP:

Man kann die Salatzutaten auch mit den angebratenen Steakstreifen in der Pfanne vermischen.

BRATHÄHNCHEN-SALAT

Zubereitungszeit: 15 Minuten

ZUTATEN FÜR 4 PORTIONEN

3 EL geröstete, gesalzene Erdnusskerne
100 g Ananas-Fruchtfleisch (frisch z. B. bereits geschält vom Gemüsehändler oder aus der Obstabteilung gut sortierter Supermärkte; alternativ Dose, Ananasstücke oder Scheiben in fruchteigenem Saft)
1 Fleischtomate

FÜR DAS DRESSING:

3 EL Asia-Chili-Sauce (aus der Flasche)
2 EL milder Essig
4 EL Olivenöl

150 g servierfertig vorbereiteter Eisbergsalat (z. B. aus der Salattheke oder Frischebeutel aus der Kühltheke)
250 g Fladenbrot
1 fertig gekauftes Grillhähnchen

PRO PORTION:

E: 30 g, F: 25 g, Kh: 39 g, kcal: 510

1. Erdnusskerne grob hacken. Ananas in feine Stücke schneiden. Tomate abspülen, abtrocknen, halbieren und den Stängelansatz herausschneiden. Tomate in Stücke schneiden.

2. Für das Dressing Asia-Chili-Sauce und Essig in einer Salatschüssel verquirlen und 2 Esslöffel Öl unterschlagen. Erdnüsse, Ananas- und Tomatenstücke untermischen. Salatstreifen zugeben.

3. Restliches Öl in einer beschichteten Pfanne erhitzen. Brot in mundgerechte Würfel schneiden. Im heißen Öl unter Wenden knusprig rösten.

4. Inzwischen das Fleisch und die knusprige Haut vom Brathähnchen ablösen, evtl. in mundgerechte Stücke zupfen bzw. schneiden.

5. Salatzutaten mischen, mit dem Hähnchenfleisch auf 4 Teller verteilen, Brotwürfel darübergeben und servieren.

TIPP:

Auch in Tortillafladen eingerollt schmeckt die Hähnchen-Salat-Mischung sehr gut.

BRATNUDELN „ASIA“

Zubereitungszeit: 25 Minuten

ZUTATEN FÜR 2 PORTIONEN

100 g Instant-Mie-Nudeln
2 Möhren
1 Stange Lauch
2 EL Speiseöl
2 gegrillte Putensteaks (evtl. vom Vortag übrig)
1 EL Currypulver
2–3 EL Sojasauce
½ Tasse Wasser (etwa 75 ml)
1 TL Gemüsepaste oder Gemüsebrühenpulver
evtl. Salz
2 EL Erdnusskerne

PRO PORTION:

E: 59 g, F: 20 g, Kh: 48 g, kcal: 610

1. Die Instant-Mie-Nudeln nach Packungsanleitung zubereiten. Dann die Mie-Nudeln mit einer Gabel etwas auflockern.

2. In der Zwischenzeit die Möhren putzen, schälen, abspülen, abtropfen lassen und in dünne Scheiben schneiden. Den Lauch putzen, die Stange längs halbieren, gründlich waschen, abtropfen lassen und in Streifen schneiden.

3. Speiseöl in einer Pfanne erhitzen. Möhrenscheiben und Lauchstreifen darin unter gelegentlichem Rühren leicht anbraten. Die gegrillten Putensteaks in Streifen schneiden und zum Gemüse in die Pfanne geben. Curry auf die Gemüse-Fleisch-Mischung stäuben und unterrühren.

4. Sojasauce und Wasser hinzugießen. Gemüsepaste oder Gemüsebrühenpulver unterrühren. Die Zutaten kurz aufkochen, bis die Flüssigkeit fast vollständig verdampft ist. Dann die Mie-Nudeln vorsichtig unterrühren und unter gelegentlichem Rühren erhitzen.

5. Die Bratnudeln evtl. mit etwas Salz nachwürzen. Die Bratnudeln mit den Erdnusskernen bestreut servieren.

TIPPS:

Anstelle der Putensteaks können auch gegrillte Schweine- oder Hähnchensteaks verwendet werden. Da viele Sojasaucen recht salzig schmecken, ist es meist nicht notwendig, zusätzlich mit Salz zu würzen. Wer es schärfer mag, kann z.B. mit Sambal Oelek (sehr scharfe indonesische Würzpaste auf Chili-Basis) vorsichtig nachwürzen.

BROTSALAT MIT GRÜNEN UND WEISSEN BOHNEN

Zubereitungszeit: 30 Minuten
+ Vegan

ZUTATEN FÜR 2 PORTIONEN

½ Ciabatta-Brot (vom Vortag)
60 ml weißer Balsamico-Essig
100 g Buschbohnen
125 g abgetropfte weiße Bohnen (aus der Dose)
2 große Tomaten
1 kleine rote Zwiebel
10 abgetropfte Kalamata-Oliven
1 EL abgetropfte feine Kapern (aus dem Glas)
4 EL Olivenöl
Salz
gem. Pfeffer
Zucker
4 Stängel Basilikum

PRO PORTION:

E: 13 g, F: 5 g, Kh: 50 g, kcal: 311

1. Ciabatta-Brot in Scheiben schneiden und auf einem Backblech verteilen. Den Essig erhitzen und die Brotscheiben damit tränken.

2. Von den Buschbohnen die Enden abschneiden. Die Bohnen evtl. abfädeln, abspülen und abtropfen lassen. Buschbohnen in kochendem Salzwasser etwa 8 Minuten bissfest garen. Anschließend in ein Sieb geben, mit kaltem Wasser abschrecken und abtropfen lassen. Die weißen Bohnen in einem Sieb abspülen und abtropfen lassen.

3. Die Tomaten abspülen, trocken tupfen, halbieren und die Stängelansätze herausschneiden. Tomaten grob würfeln. Die Zwiebel abziehen und in feine Würfel schneiden.

4. Die Buschbohnen mit den weißen Bohnen, Tomaten-, Zwiebelwürfeln, Oliven und den Kapern in einer Schüssel mischen. Mit Olivenöl, Salz, Pfeffer und etwas Zucker würzen.

5. Die getränkten Brotscheiben in grobe Stücke reißen und unter den Salat heben. Basilikum abspülen, trocken tupfen und die Blättchen von den Stängeln zupfen und den Salat damit bestreuen.

BUCHWEIZENWAFFELN MIT ZWIEBELMARMELADE

● Zubereitungszeit: 30 Minuten
+ Vegetarisch

ZUTATEN FÜR 8–10 WAFFELN

FÜR DEN TEIG:

120 g Buchweizenmehl
80 g Weizenmehl
1 gestr. TL Backpulver
1 gestr. TL Salz
250 ml Milch (3,5 % Fett)
4 Eier (Größe M)
170 g zerlassene Butter

FÜR DIE ZWIEBELMARMELADE:

2 rote Zwiebeln
1 TL Bratöl
4 EL Balsamico-Essig
1 EL Agavendicksaft
Salz, gem. Pfeffer
3 EL Wild-Preiselbeeren (aus dem Glas)

ZUSÄTZLICH:

250 g Brie oder Raclette-Käse in Scheiben

PRO WAFFEL:

E: 12 g, F: 29 g, Kh: 30 g, kcal: 435

1. Den Backofen vorheizen.
Ober-/Unterhitze: etwa 120 °C
Heißluft: etwa 100 °C

2. Für den Teig beide Mehlsorten mit Backpulver in einer Rührschüssel mischen. Salz, Milch, Eier und Butter hinzufügen.

3. Die Zutaten mit einem Mixer (Rührstäbe) zunächst kurz auf niedrigster, dann auf höchster Stufe in etwa 2 Minuten zu einem glatten Teig verarbeiten.

4. Das Waffeleisen erhitzen und leicht fetten, dabei die Herstelleranleitung beachten.

5. Pro Waffel etwa 2 Esslöffel Teig in das Waffeleisen geben und verstreichen. Die Waffeln goldbraun backen, mit einer Gabel oder einem Pfannenwender herausnehmen und und bis zum Servieren auf ein Backblech, ausgelegt mit Backpapier, in den vorgeheizten Backofen legen.

6. Für die Marmelade Zwiebeln abziehen, halbieren und in feine Streifen schneiden. Bratöl in einer Pfanne erhitzen. Zwiebelstreifen darin unter Wenden glasig andünsten, mit Balsamico ablöschen, Agavendicksaft zugeben und kurz einkochen lassen. Mit Salz und Pfeffer abschmecken, Preiselbeeren untermischen.

7. Waffeln mit Brie oder Raclette-Käsescheiben belegen, die Zwiebelmarmelade daraufsetzen und servieren.

TIPP:

Die Waffeln kann man auch kalt servieren. Alternativ passt dazu ein Wasabiquark aus Sojaquark. Dafür 1 Bund Kräutermischung für grüne Sauce (Petersilie, Schnittlauch, Kerbel, Borretsch, Pimpinelle) abspülen, trocken tupfen und die Blättchen von den Stängeln zupfen. Kräuter hacken. 400 g Sojaquark mit 1-2 Esslöffeln Wasabipulver und den Kräutern verrühren. Mit Salz und grob gemahlenem Pfeffer abschmecken.

BULGUR-GEMÜSE-PFANNE

Zubereitungszeit: 30 Minuten
+ Vegan

ZUTATEN FÜR 2 PORTIONEN

1 kleine Zwiebel
1 Knoblauchzehe
2 EL Olivenöl
125 g Bulgur
etwa 1 gestr. TL gem. Kreuzkümmel (Cumin)
300 ml Gemüsebrühe
3 Tomaten (etwa 300 g)
½ Bund Frühlingszwiebeln
1 mittelgroße Zucchini
Salz
gem. Pfeffer
1–2 TL Zitronensaft

PRO PORTION:

E: 10 g, F: 12 g, Kh: 54 g, kcal: 368

1. Zwiebel und Knoblauch abziehen. Beides in kleine Würfel schneiden.

2. Von dem Olivenöl 1 Esslöffel in einem kleinen Topf erhitzen. Die Zwiebel- und Knoblauchwürfel darin unter gelegentlichem Rühren bei mittlerer Hitze in etwa 2 Minuten andünsten.

3. Bulgur und Kreuzkümmel hinzugeben und unter gelegentlichem Rühren 1–2 Minuten mitdünsten lassen.

4. Die Gemüsebrühe hinzugießen und zum Kochen bringen. Bulgur zugedeckt bei schwacher Hitze etwa 10 Minuten ausquellen lassen, dabei 2–3-mal umrühren.

5. In der Zwischenzeit die Tomaten kreuzweise einschneiden und mit kochendem Wasser übergießen. Nach 1–2 Minuten herausnehmen und mit kaltem Wasser abschrecken. Tomaten häuten, vierteln, entkernen und die Stängelansätze herausschneiden. Die Tomatenviertel längs halbieren.

6. Frühlingszwiebeln putzen, abspülen, abtropfen lassen und in feine Scheiben schneiden. Zucchini abspülen, abtrocknen und die Enden abschneiden. Zucchini längs halbieren, dann quer in Scheiben schneiden.

7. Das restliche Olivenöl in einer großen Pfanne erhitzen. Zucchini- und Frühlingszwiebelscheiben darin bei mittlerer bis starker Hitze in 3–4 Minuten leicht braun anbraten, dabei gelegentlich umrühren.

8. Den gegarten Bulgur mit den Tomatenspalten zum angebratenen Gemüse geben, untermischen und etwa 2 Minuten bei schwacher Hitze darin erwärmen, dabei gelegentlich umrühren. Die Bulgur-Gemüse-Pfanne mit Salz, Pfeffer, etwas Kreuzkümmel und Zitronensaft abschmecken.

TIPP:

Als Beilage passt ein **Petersilien-Joghurt-Dip.** Dafür 75 g Joghurt (1,5 % Fett) mit 1 gehäuften Teelöffel klein geschnittener Petersilie (frisch oder TK) und etwas gemahlenem Kreuzkümmel (Cumin) verrühren. Den Dip mit etwas Salz und Pfeffer abschmecken.

BURRITOS MIT MÖHREN UND ZIEGENKÄSE

- Zubereitungszeit: 10 Minuten
  Garzeit: etwa 10 Minuten
  Backzeit: 10 Minuten
- Vegetarisch

ZUTATEN FÜR 2 PORTIONEN

500 g bunte Möhren
2 EL Sonnenblumenöl
Salz
gem. weißer Pfeffer
1 EL Butter
1 Prise Zucker
1 Bund Schnittlauch
4 Burritos (Teigfladen aus Weizenmehl), im Supermarkt erhältlich
2 Ziegenfrischkäsetaler (je 40 g)
2 EL Pinienkerne

PRO PORTION:

E: 17 g, F: 34 g, Kh: 67 g, kcal: 649

1. Den Backofen vorheizen.
Ober-/Unterhitze: etwa 180 °C + Grillfunktion
Heißluft: etwa 160 °C + Grillfunktion

2. Die Möhren putzen, schälen, abspülen, abtropfen lassen und längs vierteln. Sonnenblumenöl in einer großen Pfanne erhitzen. Die Möhrenviertel darin von allen Seiten anbraten, bis sie gut gebräunt sind. Mit Salz und Pfeffer würzen. Die Butter und eine Prise Zucker zu den Möhrenvierteln in die Pfanne geben und unter ständigem Rühren kurz bei starker Hitze karamellisieren.

3. Schnittlauch abspülen und trocken tupfen. Die Hälfte des Schnittlauchs in feine Röllchen schneiden.

4. Die Möhrenviertel auf den Teigfladen verteilen. Die restlichen Schnittlauchhalme darauflegen und die Teigfladen aufrollen.

5. Die Burritos mit der Nahtseite nach unten auf ein Backblech (mit Backpapier belegt) legen. Den Ziegenfrischkäse darüberbröseln und mit den Pinienkernen bestreuen. Das Backblech in den vorgeheizten Backofen schieben. Die Burritos **etwa 10 Minuten backen.**

6. Die Burritos mit den beiseitegelegten Schnittlauchröllchen bestreut servieren.

CHILI CON CARNE

Zubereitungszeit: 30 Minuten

ZUTATEN FÜR 4–6 PORTIONEN

400 g Tomaten oder 400 g geschälte Tomaten (aus der Dose)
2 Zwiebeln
2 Knoblauchzehen
75 g durchwachsener Speck
je 1 rote und grüne Paprikaschote (je etwa 150 g)
1–2 EL Speiseöl, z. B. Sonnenblumenöl
400 g Rindergehacktes
Salz
gem. Pfeffer
250 ml Gemüsebrühe
500 g abgetropfte Kidney-Bohnen (aus der Dose)
Chilipulver
1–2 TL Paprikapulver edelsüß
1 TL gerebelter Oregano

PRO PORTION:

E: 29 g, F: 19 g, Kh: 22 g, kcal: 379

1. Die Tomaten kreuzweise einschneiden und mit kochendem Wasser übergießen. Nach 1–2 Minuten herausnehmen und mit kaltem Wasser abschrecken. Die Tomaten häuten, halbieren, entkernen und die Stängelansätze herausschneiden. Tomaten würfeln. Oder Dosentomaten in der Dose zerkleinern.

2. Zwiebeln und Knoblauch abziehen, klein würfeln. Speck ebenfalls in kleine Würfel schneiden. Die Paprikaschoten halbieren, entstielen, entkernen und die weißen Scheidewände entfernen. Schoten abspülen, abtropfen lassen und in Streifen schneiden.

3. Das Speiseöl in einer großen Pfanne erhitzen. Die Zwiebel-, Knoblauch- und Speckwürfel darin unter Rühren andünsten. Gehacktes hinzugeben und unter Rühren braun und gar braten. Dabei die Fleischklümpchen mit einer Gabel leicht zerdrücken. Mit Salz und Pfeffer würzen.

4. Die Paprikastreifen und Brühe hinzugeben, zum Kochen bringen und alles zugedeckt etwa 5 Minuten bei mittlerer Hitze garen.

5. In der Zwischenzeit die Kidney-Bohnen in ein Sieb geben, mit kaltem Wasser abspülen und abtropfen lassen. Tomatenwürfel (Dosentomaten mit dem Saft) und Kidney-Bohnen unter die Hack-Gemüse-Pfanne rühren. Mit Chili, Paprika und Oregano würzen. Die Zutaten zum Kochen bringen. Chili con Carne zugedeckt bei schwacher Hitze in weiteren etwa 10 Minuten fertig garen, mit Salz und Pfeffer abschmecken.

BEILAGE:

Warmes Sesam-Fladenbrot oder Reis.

CHINAKOHL AUS DEM WOK

- Zubereitungszeit: 30 Minuten
- ▲ mit Alkohol
- + Vegetarisch

ZUTATEN FÜR 4 PORTIONEN

1 Chinakohl (etwa 1,3 kg)
1 Bund Frühlingszwiebeln
2 Knoblauchzehen
2 rote Paprikaschoten
80 ml Sherry
2 EL Weißweinessig
75 ml Orangensaft
3 EL Sojasauce
1 TL Sambal Oelek
1 EL Speisestärke
6 EL Erdnussöl
1–2 EL dunkles Sesamöl
Salz

PRO PORTION:

E: 5 g, F: 20 g, Kh: 19 g, kcal: 305

1. Von dem Chinakohl die äußeren welken Blätter entfernen. Chinakohl vierteln und den Strunk herausschneiden. Chinakohl abspülen, gut abtropfen lassen und in schmale Streifen schneiden.

2. Frühlingszwiebeln putzen, abspülen, abtropfen lassen und schräg in 2 cm dicke Scheiben schneiden. Knoblauch abziehen und in kleine Würfel schneiden. Die Paprikaschoten halbieren, entstielen, entkernen und die weißen Scheidewände entfernen. Schoten abspülen, abtropfen lassen und in Streifen schneiden.

3. Sherry mit Weinessig, Orangensaft, Sojasauce, Sambal Oelek und Speisestärke verrühren.

4. Erdnussöl in einem Wok erhitzen. Zuerst die Chinakohlstreifen darin unter Rühren anbraten. Knoblauchwürfel, Paprikastreifen und Frühlingszwiebelscheiben unterrühren. Die Sherrymischung hinzugießen. Die Zutaten kurz aufkochen lassen, mit Sesamöl und Salz abschmecken und servieren.

BEILAGE:

Dazu passt Naturreis.

CLUB-SANDWICH

Zubereitungszeit: 20 Minuten

ZUTATEN FÜR 2 PORTIONEN

50 g Eisbergsalat
2 Scheiben Bacon (Frühstücksspeck, etwa 25 g)
50 g Remoulade (aus der Tube)
2 Scheiben Vollkorn-Sandwich-Toastbrot
1 kleine Tomate
2 Scheiben Putenbrustaufschnitt (etwa 25 g)

ZUSÄTZLICH:

evtl. 4 Holzstäbchen

PRO PORTION:

E: 8 g, F: 18 g, Kh: 16 g, kcal: 260

1. Den Salat putzen, abspülen, trocken tupfen und in feine Streifen schneiden.

2. Baconscheiben in einer Pfanne ohne Fett bei schwacher bis mittlerer Hitze knusprig braun braten. Nicht zu schnell, sonst bleibt nichts vom Bacon übrig. Remoulade mit den Salatstreifen vermischen und auf den Toastbrotscheiben verstreichen.

3. Tomate abspülen, abtrocknen und den Stängelansatz herausschneiden. Tomate in Scheiben schneiden. Auf eine Toastbrotscheibe zuerst die Tomatenscheiben, dann den Putenbrustaufschnitt und zuletzt die knusprigen Baconscheiben legen. Die zweite Toastbrotscheibe mit der bestrichenen Seite auf die belegte Toastbrotscheibe legen und gut andrücken.

4. Das Sandwich diagonal durchschneiden, sodass 2 Dreiecke entstehen. Die Sandwiches nach Belieben mit Holzstäbchen fixieren.

TIPPS:

Dazu schmecken Pommes frites. Statt Eisbergsalat lässt sich auch Rucola (Rauke) verwenden.

COLESLAW MIT FRUCHTIG-SCHARFEN GARNELEN

Zubereitungszeit: 30 Minuten

ZUTATEN FÜR 4 PORTIONEN

2 Fenchelknollen (etwa 600 g)
200 g Rotkohl
75 ml Grapefruitsaft
2 EL süßer Senf
1 EL scharfes Currypulver
2–3 EL brauner Zucker
Salz
2–3 Stängel Dill
200 g Mango-Fruchtfleisch
4 EL Traubenkernöl
je 1 Bio-Orange und Bio-Zitrone (unbehandelt, ungewachst)
16 aufgetaute TK-Garnelen (ohne Kopf und Schale, entdarmt, je etwa 20 g)
2 EL Olivenöl
1 TL Chiliflocken
100 g Gemüsechips

PRO PORTION:

E: 22 g, F: 26 g, Kh: 44 g, kcal: 502

1. Fenchel putzen, abspülen, abtropfen lassen und vierteln. Rotkohl putzen, evtl. vierteln und den Strunk herausschneiden. Rotkohl abspülen und abtropfen lassen. Fenchel und Rotkohl in sehr dünne Streifen hobeln oder schneiden und in eine Schüssel geben.

2. Den Grapefruitsaft mit Senf verrühren, mit Curry, Zucker und Salz würzen. Grapefruitdressing unter die Fenchel- und Rotkohlstreifen mischen und dann mit den Händen kräftig durchkneten.

3. Dill abspülen, trocken tupfen und die Spitzen von den Stängeln zupfen, Spitzen sehr fein schneiden. Mango-Fruchtfleisch in kleine Stücke schneiden, mit Dill und Traubenkernöl zu der Fenchel-Rotkohl-Mischung geben und untermengen.

4. Orange und Zitrone heiß abwaschen, abtrocknen und mit einem Zestenreißer Orangen- und Zitronenzesten abziehen, einige Zesten zum Garnieren beiseitelegen. Orange und Zitrone halbieren und jeweils den Saft auspressen.

5. Die Garnelen mit Küchenpapier abtupfen. Das Olivenöl in einer Pfanne erhitzen. Die Garnelen darin von beiden Seiten anbraten. Orangen-, Zitronenzesten und Chiliflocken hinzugeben, mit Salz würzen und den Orangensaft hinzugießen. Die Garnelen unter Wenden 3–4 Minuten garen.

6. Coleslaw mit 2–3 Esslöffeln von dem Zitronensaft abschmecken, mit Garnelen anrichten, mit beiseitegelegten Orangen- und Zitronenstreifen garnieren und mit Gemüsechips servieren.

COUSCOUS-SALAT

Zubereitungszeit: 20 Minuten, ohne Quell- und Kühlzeit
+ Vegan

ZUTATEN FÜR 4 PORTIONEN

140 g Couscous
200 ml kochendes Wasser
300 g mittelgroße Tomaten
1 Salatgurke (etwa 500 g)
2 Schalotten (etwa 50 g)
½ Bio-Zitrone (unbehandelt, ungewachst)
Salz
gem. Pfeffer
je 3 Stängel glatte Petersilie und Minze
2 EL Olivenöl

PRO PORTION:

E: 6 g, F: 6 g, Kh: 28 g, kcal: 193

1. Den Couscous in einen Topf geben, mit dem kochenden Wasser übergießen und zugedeckt etwa 5 Minuten quellen lassen.

2. In der Zwischenzeit Tomaten abspülen, abtrocknen, halbieren und die Stängelansätze herausschneiden. Tomaten klein würfeln. Gurke schälen und die Enden abschneiden. Gurke halbieren und in kleine Würfel schneiden. Schalotten abziehen und in sehr kleine Würfel schneiden. Gemüsewürfel in eine Schüssel geben.

3. Den gequollenen Couscous mit 2 Gabeln auflockern und zu den Gemüsewürfeln in die Schüssel geben. Zitrone heiß abwaschen, abtrocknen und etwa 1 Teelöffel Zitronenschale fein abreiben. Von der Zitronenhälfte den Saft auspressen. Zitronenschale mit dem -saft zum Salat geben. Mit Salz und Pfeffer würzen. Die Zutaten gut vermischen. Den Salat zugedeckt 2–3 Stunden in den Kühlschrank stellen.

4. Petersilie und Minze abspülen, trocken tupfen und die Blättchen von den Stängeln zupfen. Blättchen klein schneiden. Die Kräuter mit dem Olivenöl unter den Salat heben.

CURRYWURST DE LUXE MIT GARNELEN

Zubereitungszeit: 30 Minuten

ZUTATEN FÜR 4 PORTIONEN

FÜR DIE TOMATEN-CURRY-SAUCE:

¼ TL Currypulver
¼ TL Zucker
1 Prise Paprikapulver rosenscharf
etwas Sambal Oelek
200 g guter Tomatenketchup

FÜR DIE CURRYWURST DE LUXE:

4 Rostbratwürste (je etwa 120 g)
2 Frühlingszwiebeln
½ rote Chilischote
etwa 200 g TK-Garnelen
(aufgetaut, ohne Schale, entdarmt)
1 EL Olivenöl
300 ml Tomaten-Curry-Sauce
Currypulver

PRO PORTION:

E: 31 g, F: 39 g, Kh: 15 g, kcal: 533

1. Für die Tomaten-Curry-Sauce 100 ml Wasser in einen Topf geben. Currypulver, Zucker, Paprikapulver und etwas Sambal Oelek unterrühren. Die Zutaten zum Kochen bringen.

2. Den Topf von der Kochstelle nehmen. Tomatenketchup unterrühren und die Sauce unter ständigem Rühren nochmals kurz aufkochen lassen. Sauce nochmals abschmecken.

3. Für die Currywürste die Bratwürste in Scheiben schneiden. Frühlingszwiebeln putzen, abspülen, abtropfen lassen und schräg in etwa 1 cm lange Stücke schneiden.

4. Chilihälfte entstielen, entkernen, abspülen, abtropfen lassen und in kleine Stücke schneiden.

5. Aufgetaute Garnelen mit Küchenpapier abtupfen. Große Garnelen halbieren.

6. Das Olivenöl in einem Wok erhitzen. Die Bratwurstscheiben darin unter Rühren anbraten. Garnelen, Frühlingszwiebel- und Chilistücke hinzugeben und kurz unter Rühren mitbraten. Dann die Hitze reduzieren und die Tomaten-Curry-Sauce unterrühren.

7. Currywurst de luxe in 4 Portionsschalen anrichten und mit Curry bestäuben.

EIER IN GEMÜSE

- Zubereitungszeit: 20 Minuten
  Überbackzeit: etwa 10 Minuten
- + Vegetarisch

ZUTATEN FÜR 4 PORTIONEN

2 Zwiebeln
2 Knoblauchzehen
3 Fleischtomaten
je 1 rote, gelbe und grüne Paprikaschote
2 Möhren
3 EL Olivenöl
2 EL Tomatenketchup
1 EL Harissa (afrikanische Gewürzpaste)
Salz
gem. Pfeffer
gerebelter Thymian
8 Eier (Größe M)

PRO PORTION:

E: 17 g, F: 20 g, Kh: 19 g, kcal: 323

1. Zwiebeln und Knoblauch abziehen, in kleine Würfel schneiden. Die Tomaten abspülen, abtropfen lassen, halbieren und die Stängelansätze herausschneiden. Tomaten grob würfeln.

2. Paprikaschoten halbieren, entstielen, entkernen und die weißen Scheidewände entfernen. Schoten abspülen, abtropfen lassen und in Würfel schneiden. Möhren putzen, schälen, abspülen, abtropfen lassen und in Scheiben schneiden.

3. Den Backofen vorheizen.
Ober-/Unterhitze: etwa 200 °C
Heißluft: etwa 180 °C

4. Olivenöl in einer hitzebeständigen Pfanne erhitzen. Zuerst Knoblauch-, dann Zwiebelwürfel und Möhrenscheiben darin andünsten. Tomaten- und Paprikawürfel hinzugeben, bei mittlerer Hitze etwa 10 Minuten unter gelegentlichem Rühren dünsten. Das Gemüse mit Ketchup, Harissa, Salz, Pfeffer und Thymian würzen.

5. Eier vorsichtig aufschlagen und auf das Gemüse setzen. Die Pfanne auf dem Rost in den vorgeheizten Backofen schieben. Die Eier in Gemüse etwa 10 Minuten backen.

TIPP:

Hitzebeständige, ofenfeste Pfannen sind z. B. aus Edelstahl oder Gusseisen (ohne Kunststoffgriff). Sehr praktisch sind auch Pfannen mit abnehmbarem Griff, die extra für das Überbacken oder Weitergaren im Backofen ausgelegt sind.

ENTENBRUST MIT PENNE-NUDELN

Zubereitungszeit: 30 Minuten
+ Laktosefrei

ZUTATEN FÜR 4 PORTIONEN

2 kleine Entenbrustfilets (etwa 500 g)
Salz
200 g Zuckerschoten
1 Bund Frühlingszwiebeln
1 Mango (etwa 400 g)
300–350 g Penne (Röhrennudeln)
gem. Pfeffer, 1 geh. TL Weizenmehl
2–3 TL mildes Currypulver
400 ml ungesüßte Kokosmilch (aus der Dose)
grob geschroteter Chili

PRO PORTION:

E: 37 g, F: 29 g, Kh: 79 g, kcal: 733

1. Die Entenbrustfilets mit Küchenpapier abtupfen. Von den Filets die Hautschichten ablösen. Die Entenhaut in etwa 1 cm breite Streifen schneiden und in einer Pfanne ohne Fett bei mittlerer Hitze knusprig ausbraten, leicht mit Salz würzen.

2. In der Zwischenzeit Zuckerschoten putzen, abspülen, abtropfen lassen und schräg in Stücke schneiden. Frühlingszwiebeln putzen, abspülen, abtropfen lassen und in 3 cm breite Stücke schneiden.

3. Von der Mango das Fruchtfleisch vom Stein schneiden und schälen. Das Fruchtfleisch in Stücke schneiden.

4. Wasser in einem großen Topf zugedeckt zum Kochen bringen. Dann Salz und Nudeln hinzugeben. Die Nudeln im geöffneten Topf bei mittlerer Hitze nach Packungsanleitung bissfest kochen, dabei gelegentlich umrühren.

5. Inzwischen die Entenbrustfilets in etwa 1 cm breite Scheiben schneiden. Die gebratene Entenhaut aus der Pfanne nehmen und auf Küchenpapier abtropfen lassen. Die Entenscheiben in dem verbliebenen Bratfett von beiden Seiten kurz und kräftig anbraten. Mit Salz und Pfeffer würzen. Die Filetscheiben aus der Pfanne nehmen, auf einen vorgewärmten Teller legen und mit Alufolie zugedeckt warm stellen.

6. Den größten Teil des Bratfetts aus der Pfanne gießen. Frühlingszwiebelstücke in dem restlichen Bratfett unter Rühren andünsten. Mit Mehl und Curry bestäuben, kurz mitdünsten. Mit Kokosmilch ablöschen und zum Kochen bringen.

7. Die Sauce kräftig mit Salz, Pfeffer und Chili würzen. Zuckerschotenstücke hinzugeben und etwa 2 Minuten bei schwacher Hitze mitkochen lassen. Dann Mangostücke und Fleischscheiben mit dem ausgetretenen Fleischsaft hinzugeben, wieder zum Kochen bringen und weitere etwa 2 Minuten bei schwacher Hitze kochen lassen.

8. Inzwischen die gegarten Nudeln in ein Sieb geben und abtropfen lassen. Die Nudeln mit der Entenbrust, der fruchtigen Currysauce und der knusprigen Entenhaut auf Tellern anrichten.

ERBSENSUPPE FÜR EILIGE

Zubereitungszeit: 25 Minuten
+ Vegetarisch

ZUTATEN FÜR 4 PORTIONEN

1 Zwiebel
2 EL Butter oder Margarine
500 g TK-Erbsen
150 g TK-Suppengemüse
500 ml Gemüsebrühe
Saft von ½ Zitrone
200 g Schlagsahne
Salz
gem. Pfeffer
ger. Muskatnuss
evtl. einige EL Kartoffelpüree-Flockenpulver
4–6 TL Crème fraîche, z. B. mit feinen Kräutern

PRO PORTION:

E: 11 g, F: 27 g, Kh: 22 g, kcal: 386

1. Zwiebel abziehen und in kleine Würfel schneiden. Butter oder Margarine in einem Topf zerlassen. Die Zwiebelwürfel darin glasig dünsten. Gefrorene Erbsen und gefrorenes Suppengemüse hinzugeben, unter Rühren kurz mit andünsten.

2. Gemüsebrühe, Zitronensaft und Sahne hinzugießen. Mit Salz, Pfeffer und Muskat würzen. Die Zutaten zum Kochen bringen und etwa 10 Minuten bei schwacher Hitze kochen lassen.

3. Nach Belieben einige Erbsen aus der Brühe nehmen und beiseitelegen. Die restlichen Erbsen mit dem Suppengemüse in der Brühe fein pürieren. Nach Belieben etwas Kartoffelpüree-Flockenpulver in die Suppe rühren, bis eine feine Bindung entstanden ist. Die Cremesuppe etwa ½ Minute unter Rühren kochen lassen. Evtl. beiseitegelegte Erbsen wieder hinzugeben. Mit Salz, Pfeffer und Muskat abschmecken.

4. Die Suppe in tiefen Tellern verteilen und mit je einem Klecks Crème fraîche garnieren.

TIPPS:

Der Klassiker als Einlage zur Erbsensuppe sind Wiener Würstchen. Die feine, frische Erbsencremesuppe schmeckt aber auch mit einem weichen Ei oder geräucherten Lachsstreifen. Besonders praktisch: Wenn nicht alle zur gleichen Zeit am Mittagstisch erscheinen können, lässt sich diese Suppe in Portionen zugedeckt in der Mikrowelle erwärmen.

ERDBEERSALAT MIT BÜNDNER-FLEISCH

Zubereitungszeit: 20 Minuten

ZUTATEN FÜR 4 PORTIONEN

3 EL Balsamico-Essig
5 EL Himbeeressig
2–3 EL flüssiger Honig
6 EL Olivenöl
Salz
frisch gem. schwarzer Pfeffer
150 g dünne Scheiben Bündner-Fleisch oder Bresaola (luftgetrockneter Rinderschinken)
250 g Radicchio
600 g Erdbeeren
einige Stängel Basilikum

PRO PORTION:

E: 17 g, F: 19 g, Kh: 21 g, kcal: 329

1. Beide Essigsorten in einen kleinen Topf geben und kurz aufkochen, solange kochen lassen, bis das Ganze eine sirupartige Konsistenz hat. Den Topf von der Kochstelle nehmen. Honig und Olivenöl unterrühren, mit Salz und Pfeffer würzen.

2. Bündner-Fleisch oder Bresaola in dünne Streifen schneiden. Radicchio putzen, abspülen, abtropfen lassen, halbieren und den Strunk herausschneiden. Radicchio in Streifen schneiden oder in mundgerechte Stücke zupfen.

3. Erdbeeren abspülen, gut abtropfen lassen, entstielen und halbieren. Basilikum abspülen, trocken tupfen und die Blättchen von den Stängeln zupfen.

4. Schinkenstreifen, Radicchio, Erdbeeren und Basilikumblättchen mit dem Balsamico-Dressing vermischen und den Salat servieren.

TIPPS:

Bündner-Fleisch ist eine Trockenfleischspezialität aus der Schweiz. Rohes Rindfleisch aus der Keule wird in einer Lake mit Gewürzen leicht gepökelt und dann an der Luft getrocknet. Bresaola ist ebenfalls ein luftgetrockneter Rinderschinken, er kommt aus Norditalien.
Der Salat schmeckt aber auch mit einem anderen, rohen, in hauchdünne Scheiben geschnittenen Schinken, wie z. B. Katenschinken oder Schwarzwälder Schinken.

BEILAGE:

Servieren Sie dazu Grissini.

ERDNUSS-ROASTBEEF-SALAT MIT THAI-BASILIKUM

Zubereitungszeit: 30 Minuten

ZUTATEN FÜR 4 PORTIONEN

FÜR DIE SALATSAUCE:

1 rote Peperoni (etwa 15 g)
2 Knoblauchzehen
30 g frischer Ingwer
6 EL Limettensaft
4 EL Sojasauce
4 EL brauner Zucker
2 EL Sesamöl (geröstet)
2 EL Speiseöl, z. B. Sonnenblumenöl
evtl. Salz

FÜR DEN SALAT:

4 Frühlingszwiebeln
1 rote Zwiebel
250 g Salatgurke
400 g Cocktailtomaten
4 Stängel Koriander
5 Stängel Thai-Basilikum
4 Stängel Minze
50 g gesalzene, geröstete Erdnusskerne
300 g Roastbeef-Aufschnitt

PRO PORTION:

E: 29 g, F: 21 g, Kh: 25 g, kcal: 405

1. Peperoni halbieren, entstielen, entkernen, abspülen und abtropfen lassen. Die Peperoni in dünne Streifen schneiden. Den Knoblauch abziehen. Ingwer schälen. Knoblauch und Ingwer klein würfeln.

2. Den Limettensaft mit Sojasauce und Zucker verrühren. Sesam- und Sonnenblumenöl unterschlagen. Peperonistreifen, Knoblauch- und Ingwerwürfel unterrühren. Die Salatsauce evtl. noch mit etwas Salz abschmecken.

3. Die Frühlingszwiebeln putzen, abspülen, abtropfen lassen und in feine Scheiben schneiden. Zwiebel abziehen und in feine Spalten schneiden. Gurke schälen und die Enden abschneiden. Gurke in dünne Scheiben schneiden. Tomaten abspülen, abtropfen lassen und vierteln, dabei die Stängelansätze herausschneiden.

4. Kräuterstängel abspülen und trocken tupfen. Die Blättchen von den Stängeln zupfen. Die Blättchen grob zerschneiden. Die Erdnusskerne fein hacken.

5. Den Roastbeef-Aufschnitt mit den Zwiebelspalten, Frühlingszwiebel-, Gurkenscheiben, Tomatenvierteln, Kräutern und der Salatsauce mischen.

6. Den Salat dekorativ auf Tellern anrichten und mit den Erdnusskernen bestreut servieren.

FARFALLE MIT BASILIKUMPESTO

◷ Zubereitungszeit: 20 Minuten, ohne Abkühlzeit
+ Vegetarisch

ZUTATEN FÜR 4 PORTIONEN

60 g Pinienkerne
500 g Farfalle (Schmetterlingsnudeln)
4 Knoblauchzehen
2 Bund Basilikum
100 ml Olivenöl
120 g frisch ger. Parmesan oder Pecorino
Salz
gem. Pfeffer
evtl. einige Basilikumblättchen
evtl. grob geschrotete, getrocknete Chiliflocken

PRO PORTION:

E: 29 g, F: 43 g, Kh: 90 g, kcal: 866

1. Pinienkerne in einer Pfanne ohne Fett unter Rühren leicht bräunen, herausnehmen und auf einem Teller kurz abkühlen lassen.

2. Die Nudeln in kochendem Salzwasser nach Packungsanleitung bissfest kochen, dabei gelegentlich umrühren.

3. In der Zwischenzeit Knoblauch abziehen und grob würfeln. Basilikum abspülen, trocken tupfen und die Blättchen von den Stängeln zupfen. Blättchen grob zerschneiden. Basilikum, Pinienkerne und Knoblauch mit einem Blitzhacker oder in einem hohen Rührbecher mit dem Pürierstab fein zerkleinern und zu einer Paste mixen. Dabei nach und nach das Olivenöl hinzugießen. Die Hälfte des Parmesans oder Pecorinos hinzugeben und nochmals durchmixen. Das Pesto mit etwas Salz und Pfeffer abschmecken.

4. Die gegarten Nudeln in ein Sieb geben, mit heißem Wasser abspülen und abtropfen lassen.

5. Farfalle mit Basilikumpesto auf Tellern anrichten und mit dem restlichen Parmesan oder Pecorino bestreuen. Nach Belieben mit abgespülten, trocken getupften Basilikumblättchen und Chiliflocken garnieren und sofort servieren.

FENCHEL-ZITRONEN-SUPPE MIT LACHS

Zubereitungszeit: 30 Minuten

ZUTATEN FÜR 4 PORTIONEN

2 Fenchelknollen (etwa 400 g)
3 Möhren (etwa 200 g)
2–3 mehligkochende Kartoffeln (etwa 250 g)
1 EL Olivenöl
750 ml Gemüsebrühe
2 Lorbeerblätter
1 TL Currypulver
1 Bio-Zitrone (unbehandelt, ungewachst)
200 g Lachsfilet
Salz
gem. Piment
5 Stängel glatte Petersilie

PRO PORTION:

E: 14 g, F: 6 g, Kh: 14 g, kcal: 170

1. Fenchel putzen, abspülen, abtropfen lassen und halbieren. Etwas Fenchelgrün zum Garnieren beiseitelegen. Fenchelhälften in kleine Stücke schneiden. Möhren putzen. Möhren und Kartoffeln schälen, abspülen, abtropfen lassen und klein würfeln.

2. Olivenöl in einem Topf erhitzen. Fenchelstücke, Möhren- und Kartoffelwürfel darin unter Rühren andünsten. Gemüsebrühe, Lorbeerblätter und Curry hinzufügen und unterrühren. Die Suppe bei mittlerer Hitze etwa 15 Minuten kochen lassen.

3. In der Zwischenzeit Zitrone heiß abwaschen und abtrocknen. Die Hälfte der Schale abreiben und beiseitelegen. Zitrone halbieren und den Saft auspressen. Lachsfilet mit Küchenpapier abtupfen und in etwa 1 cm große Würfel schneiden. Lachswürfel mit Zitronensaft beträufeln, mit Salz und 1 Prise Piment bestreuen.

4. Die Lorbeerblätter aus der Suppe nehmen. Beiseitegelegte Zitronenschale in die Suppe rühren. Suppe pürieren und nochmals aufkochen lassen. Lachswürfel in die Suppe geben und in etwa 5 Minuten bei schwacher Hitze gar ziehen lassen.

5. In der Zwischenzeit Petersilie abspülen, trocken tupfen und die Blättchen von den Stängeln zupfen. Petersilienblättchen mit dem beiseitegelegten Fenchelgrün klein schneiden. Die Suppe evtl. nochmals mit Salz, Curry und Piment abschmecken, in Tellern anrichten und mit den Kräutern bestreut servieren.

FILETSTEAK MIT BALSAMICO-LINSEN UND MANGO-TATAR

Zubereitungszeit: 25 Minuten

ZUTATEN FÜR 2 PORTIONEN

2 kleine Stangen Lauch (etwa 250 g)
1 TL Olivenöl
2 EL TK-Zwiebelwürfel
100 g rote Linsen
etwa 360 ml Gemüsebrühe
Salz
gem. Pfeffer
160 g frisches Mango-Fruchtfleisch (vorbereitet gewogen)
evtl. getrocknete Chiliflocken
2 Rinderfiletsteaks (je etwa 100 g)
2 TL Speiseöl
3–4 TL Balsamico-Creme

PRO PORTION:

E: 37 g, F: 9 g, Kh: 42 g, kcal: 396

1. Lauch putzen, die Stangen längs halbieren, gründlich waschen, abtropfen lassen und in feine Streifen schneiden.

2. Olivenöl in einem Topf erhitzen. Zwiebelwürfel darin andünsten. Linsen und Lauchstreifen hinzugeben, kurz unter Rühren mitdünsten lassen. Die Brühe hinzugießen, mit Salz und Pfeffer würzen, zum Kochen bringen. Die Linsen zugedeckt 8–10 Minuten bei schwacher Hitze unter gelegentlichem Rühren garen.

3. In der Zwischenzeit Mango-Fruchtfleisch in kleine Würfel schneiden und nach Belieben mit etwas Chili würzen.

4. Filetsteaks mit Küchenpapier abtupfen. Speiseöl in einer beschichteten Pfanne erhitzen. Die Steaks darin von jeder Seite etwa 2 Minuten anbraten, mit Salz und Pfeffer würzen. Steaks weitere 2–3 Minuten bei mittlerer Hitze unter Wenden braten. Die Steaks aus der Pfanne nehmen und auf eine vorgewärmte Platte legen.

5. Die Linsen mit Salz, Pfeffer und etwas Balsamico-Creme würzen. Die Filetsteaks mit dem Mango-Tatar und den Linsen anrichten.

6. Die Steaks nach Belieben zusätzlich mit etwas Balsamico-Creme beträufeln.

FISCHBURGER

Zubereitungszeit: 15 Minuten
Garzeit: etwa 8 Minuten

ZUTATEN FÜR 4 PORTIONEN

400 g Seelachsfilet
Salz, gem. weißer Pfeffer
4 Frühlingszwiebeln
1 EL klein geschnittene Petersilienblätter
1 EL klein geschnittene Dillspitzen
1 Ei (Größe M)
Zitronensaft
Cayennepfeffer
2 EL Semmelbrösel
2 EL Speiseöl
1 EL Butter
1 rote Zwiebel
4 Körnerbrötchen
Salatblätter
4 EL Remoulade
4 EL Tomatenketchup

PRO PORTION:

E: 29 g, F: 30 g, Kh: 52 g, kcal: 601

1. Das Seelachsfilet mit Küchenpapier abtupfen und grob würfeln. Mit Salz und Pfeffer würzen. Die Frühlingszwiebeln putzen, abspülen, abtropfen lassen und in etwa 1 cm große Stücke schneiden. Fischwürfel zusammen mit den Frühlingszwiebelstücken in eine Küchenmaschine geben und pürieren.

2. Petersilie, Dill und das Ei unter die Fischpüreemasse rühren, mit etwas Zitronensaft und Cayennepfeffer abschmecken.

3. Aus der Fischpüreemasse mit angefeuchteten Händen 4 Frikadellen formen und in den Semmelbröseln wenden.

4. Speiseöl in einer Pfanne erhitzen, Butter hinzugeben und zerlassen. Fischfrikadellen etwa 4 Minuten von jeder Seite bei mittlerer Hitze braten.

5. In der Zwischenzeit die Zwiebel abziehen, zuerst in Scheiben schneiden, dann in Ringe teilen.

6. Die Brötchen halbieren und die Unterseiten mit abgespülten, trocken getupften Salatblättern belegen. Je 1 Fischfrikadelle daraufsetzen. Mit Remoulade, Ketchup und Zwiebelringen toppen (garnieren) und jeweils mit dem Brötchendeckel belegen.

FISCH-EINTOPF MIT PAPRIKA-DIP

Zubereitungszeit: 30 Minuten
Garzeit: 11–16 Minuten

ZUTATEN FÜR 4 PORTIONEN

4 Knoblauchzehen
1 kg Fenchelknollen
600 g Möhren
800 g Lauch
600 g festkochende Kartoffeln
2 EL Olivenöl
1 ½ l Gemüsebrühe
3 Lorbeerblätter
Salz
gem. Pfeffer
12 Cocktailtomaten
600 g mageres, festes Fischfilet, z. B. Seelachs (frisch oder TK)

FÜR DEN PAPRIKA-DIP:

40 g Ajvar, mild oder scharf (rote Paprikapaste aus dem Glas)
150 g Crème légère

PRO PORTION:

E: 42 g, F: 16 g, Kh: 44 g, kcal: 495

1. Knoblauch abziehen und klein würfeln. Fenchel putzen, abspülen, abtropfen lassen. Das zarte Grün abschneiden und beiseitelegen. Die Fenchelknollen halbieren und in kleine Stücke schneiden. Möhren putzen, schälen, abspülen, abtropfen lassen und in Scheiben schneiden. Lauch putzen, die Stange längs halbieren, gründlich waschen und abtropfen lassen. Lauch schräg in Streifen schneiden. Die Kartoffeln schälen, abspülen, abtropfen lassen und in Würfel schneiden.

2. Olivenöl in einem großen Topf erhitzen. Knoblauchwürfel darin andünsten. Möhrenscheiben, Fenchelstücke und Kartoffelwürfel hinzugeben und unter Rühren kurz mitdünsten lassen. Brühe mit den Lorbeerblättern hinzugeben und zugedeckt zum Kochen bringen. Den Eintopf mit etwas Salz und Pfeffer würzen und mit leicht geöffnetem Deckel bei schwacher bis mittlerer Hitze 8–10 Minuten kochen lassen. Lauchstreifen nach 3–5 Minuten Garzeit in den Eintopf geben und mitgaren lassen, dabei gelegentlich vorsichtig durchrühren.

3. In der Zwischenzeit Tomaten abspülen, abtrocknen, halbieren und die Stängelansätze herausschneiden. Fischfilet (TK-Fisch vorher auftauen lassen) kurz unter fließendem kalten Wasser abspülen, mit Küchenpapier trocken tupfen und in mundgerechte Stücke schneiden.

4. Die Fischstücke und Tomatenhälften in den Eintopf geben, zugedeckt auf der ausgeschalteten Kochstelle in etwa 2 Minuten gar ziehen lassen. Für den Paprika-Dip Ajvar mit Crème légère verrühren.

5. Den Eintopf nochmals mit den Gewürzen abschmecken, Lorbeerblätter entfernen. Den Eintopf in Suppentellern verteilen, mit dem beiseitegelegten Fenchelgrün und dem Paprika-Dip anrichten.

FISCHFILET AUF MEDITERRANEM GEMÜSE

Zubereitungszeit: 30 Minuten

ZUTATEN FÜR 4 PORTIONEN

250 g Cocktailtomaten
3 mittelgroße Zucchini (etwa 600 g)
240 g abgetropfte Artischockenherzen (aus der Dose)
2–3 EL Olivenöl
25 g TK-Italienische Kräuter
Salz
gem. Pfeffer
600 g Fischfilet, z. B. Tilapia- oder Pangasiusfilet
1 gestr. TL Chiliflocken

PRO PORTION:

E: 28 g, F: 10 g, Kh: 6 g, kcal: 229

1. Tomaten abspülen, trocken tupfen, halbieren und die Stängelansätze herausschneiden. Zucchini abspülen, abtrocknen und die Enden abschneiden. Zucchini zuerst in Streifen, dann in kleine Würfel schneiden. Artischockenherzen vierteln.

2. Olivenöl in einer Pfanne erhitzen. Zucchiniwürfel darin etwa 2 Minuten unter Rühren andünsten. Tomatenhälften, Artischockenviertel und Kräuter hinzugeben, mit Salz und Pfeffer würzen.

3. Das Fischfilet mit Küchenpapier abtupfen und in 8 gleich große Stücke schneiden. Fischfiletstücke nebeneinander auf das angedünstete Gemüse legen, mit Salz und Chiliflocken bestreuen. Die Pfanne mit dem Deckel verschließen. Fischfiletstücke mit dem Gemüse etwa 8 Minuten dünsten.

4. Fischfiletstücke vorsichtig aus der Pfanne nehmen. Das Gemüse mit den Gewürzen abschmecken. Die Fischfilets mit dem Gemüse auf einer großen Platte anrichten und servieren.

TIPP:

Statt TK-Kräuter können Sie auch frische Kräuter verwenden, z. B. Oregano, Thymian, Rosmarin.

BEILAGE:

Dazu passt Langkornreis.

FISCHFILET MIT KNUSPERKRUSTE AUS DEM OFEN

Zubereitungszeit: 10 Minuten, ohne Auftauzeit
Garzeit: etwa 20 Minuten

ZUTATEN FÜR 4 PORTIONEN

500–600 g festes Fischfilet, z. B. Zander, Seelachs, Lachs, Lachsforelle (frisch oder TK)
2 EL Zitronensaft
1 Bund glatte Petersilie
1–2 Stängel frischer Thymian oder Rosmarin
5 EL Butter (zimmerwarm)
6 EL Semmelbrösel, z. B. Vollkornbrösel
2 EL milder Senf
Salz
gem. Pfeffer
1 TL Tomatenmark

PRO PORTION:

E: 29 g, F: 25 g, Kh: 18 g, kcal: 418

1. Fischfilets (TK-Fischfilets vorher auftauen lassen) kurz unter fließendem kalten Wasser abspülen, trocken tupfen und evtl. vorhandene Gräten sorgfältig entfernen. Fischfilets mit Zitronensaft beträufeln und kurz durchziehen lassen.

2. Den Backofen vorheizen.
Ober-/Unterhitze: etwa 200 °C
Heißluft: etwa 180 °C

3. Petersilie und Thymian oder Rosmarin abspülen und trocken tupfen. Die Blättchen und Nadeln von den Stängeln zupfen und sehr klein schneiden.

4. Butter in eine kleine Rührschüssel geben. Semmelbrösel, 1 Esslöffel Senf, ½ Teelöffel Salz und etwas Pfeffer hinzufügen und gut verkneten. Die Kräuter unterarbeiten.

5. Fischfilets in insgesamt 6–8 Portionsstücke teilen und nebeneinander in eine große Auflaufform (gefettet) legen. Mit Salz und Pfeffer würzen.

6. Restlichen Senf mit Tomatenmark verrühren. Die Fischfiletstücke damit dünn bestreichen. Die Butter-Kräuter-Mischung darauf verteilen.

7. Die Form auf dem Rost in den vorgeheizten Backofen schieben und die Fischfilets etwa 20 Minuten garen.

BEILAGE:

Dazu passt Kartoffelpüree und Gurkensalat mit Dill-Sahne-Dressing.

FISCHPFANNE MIT MUSCHELN

Zubereitungszeit: 20 Minuten, ohne Auftauzeit
Garzeit: 10 Minuten

ZUTATEN FÜR 4 PORTIONEN

500 g TK-Seelachsfilet
150 g TK-Muschelfleisch
2 Möhren (etwa 220 g)
2 Zucchini (etwa 420 g)
2 EL Speiseöl, z. B. Olivenöl
Salz
gem. Pfeffer
1 Döschen Safran (0,1 g)
200 ml Gemüsebrühe
200 g Schlagsahne
40 g Butter

PRO PORTION:

E: 30 g, F: 31 g, Kh: 7 g, kcal: 431

1. Seelachsfilet und Muschelfleisch nach Packungsanleitung auftauen. Anschließend den Fisch mit Küchenpapier abtupfen. Seelachsfilet in etwa 3 cm große Würfel schneiden.

2. Möhren putzen, schälen, abspülen, abtropfen lassen, längs halbieren und in dünne Scheiben schneiden. Zucchini abspülen, abtrocknen und die Enden abschneiden. Zucchini ebenfalls längs halbieren und in Scheiben schneiden.

3. Speiseöl in einer Pfanne erhitzen. Möhrenscheiben darin unter vorsichtigem Rühren leicht anbraten. Die Zucchinischeiben hinzufügen, leicht mitbraten lassen, mit Salz, Pfeffer und Safran würzen.

4. Brühe und Sahne hinzugießen. Die Zutaten zum Kochen bringen und etwa 10 Minuten bei schwacher Hitze kochen lassen, sodass die Sauce eine leicht cremige Konsistenz bekommt.

5. Nach etwa 5 Minuten Garzeit das Muschelfleisch und die Seelachswürfel hinzugeben. Die Fischpfanne fertig garen und nochmals mit den Gewürzen abschmecken. Butter klein schneiden und untermischen.

FLADENBROT „ORIENTALISCH“

- Zubereitungszeit: 20 Minuten
  Aufbackzeit: etwa 6 Minuten
- + Vegetarisch

ZUTATEN FÜR 4 PORTIONEN

100 g abgetropfte Kichererbsen (aus der Dose)
2 Römersalatherzen (etwa 300 g)
2 kleine Orangen (etwa 450 g)
8 Stängel Minze
½ Granatapfel
1 Türkisches Fladenbrot (etwa 400 g)
200 g Hummus (aus dem Glas)
2 EL Olivenöl
Saft von 1 Zitrone
Salz
Cayennepfeffer

PRO PORTION:

E: 16 g, F: 12 g, Kh: 69 g, kcal: 459

1. Den Backofen vorheizen.
Ober-/Unterhitze: etwa 180 °C
Heißluft: etwa 160 °C

2. Die Kichererbsen in einem Sieb abspülen und abtropfen lassen. Die Römersalatherzen putzen, abspülen, abtropfen lassen und in etwa 1 cm breite Streifen schneiden.

3. Die Orangen so schälen, dass die weiße Haut mit entfernt wird. Orangen in dünne Scheiben schneiden. Die Minze abspülen, trocken tupfen und die Blättchen von den Stängeln zupfen, Blättchen grob zerschneiden.

4. Aus der Granatapfelhälfte die Kerne vorsichtig herauslösen. Die weißen Trennwände entfernen. Kichererbsen, Römersalat, Orangenscheiben, Minze und Granatapfelkerne in einer Schüssel vermischen.

5. Das Fladenbrot auf ein Backblech (mit Backpapier belegt) legen. Das Backblech in den vorgeheizten Backofen schieben. Das Fladenbrot **etwa 6 Minuten aufbacken.**

6. Das Fladenbrot vom Backblech nehmen und dann vierteln. In die Fladenbrotstücke jeweils eine Tasche schneiden. Dann Hummus in den Taschen verstreichen.

7. Den Salat mit Olivenöl, Zitronensaft, Salz und Cayennepfeffer würzen und in den Taschen verteilen.

TIPP:

Granatäpfel bekommt man vor allem im Winter zu kaufen: Sie werden in Vorderasien und im mediterranen Raum angebaut und von September bis Dezember geerntet. Die Kerne schmecken herb und süß und zugleich sauer.
Ein Trick, um die Kerne einfacher herauszulösen: Die Granatapfelhälfte über einem Sieb im Waschbecken ausklopfen. Dafür mit einem Kochlöffel kräftig auf die Schale klopfen.
Im Sommer oder wenn Sie keine Granatäpfel bekommen, können Sie stattdessen auch in Scheiben geschnittene blaue Weintrauben verwenden.

FORELLEN-PFANNE

● Zubereitungszeit: 25 Minuten
+ Laktosefrei

ZUTATEN FÜR 2–3 PORTIONEN

600 g gekochte festkochende Pellkartoffeln
200 g Cocktailtomaten
1 Bund Frühlingszwiebeln
2 EL Speiseöl
400 g geräuchertes Forellenfilet ohne Haut und Gräten
½ Bund Dill
Salz
gem. Pfeffer
Saft von ½ Zitrone

PRO PORTION:

E: 39 g, F: 13 g, Kh: 50 g, kcal: 486

1. Die Kartoffeln pellen und in Scheiben schneiden. Tomaten abspülen, trocken tupfen, halbieren und die Stängelansätze herausschneiden.

2. Die Frühlingszwiebeln putzen, abspülen, abtropfen lassen und anschließend in 2 cm lange Stücke schneiden.

3. Speiseöl in einer Pfanne erhitzen. Die Kartoffelscheiben darin unter Wenden braun anbraten. Frühlingszwiebelstücke hinzugeben. Die Zutaten unter gelegentlichem Rühren etwa 10 Minuten braten.

4. In der Zwischenzeit das Forellenfilet in etwa 2 cm breite Stücke schneiden. Dill abspülen und trocken tupfen. Die Spitzen von den Stängeln zupfen. Spitzen klein schneiden.

5. Tomatenhälften unter die Kartoffel-Frühlingszwiebel-Mischung heben und kurz mitbraten lassen.

6. Dill unter das Gemüse rühren. Forellenfiletstücke vorsichtig unterheben und miterwärmen. Räucherfischpfanne mit Salz, Pfeffer und Zitronensaft pikant abschmecken.

TIPP:

Statt geräuchertem Forellenfilet können Sie auch Heilbuttfilet verwenden.

REZEPTVARIANTE:

Bunte Fischpfanne mit Stremel-Lachs (2 Portionen). 1 rote Paprikaschote halbieren, entstielen, entkernen und die weißen Scheidewände entfernen. Die Schote abspülen, abtropfen lassen und in Stücke schneiden. 1 Bund Frühlingszwiebeln putzen, abspülen, abtropfen lassen, in etwa 3 cm lange Stücke schneiden. 2 Knoblauchzehen abziehen und klein würfeln. 1 Esslöffel Speiseöl in einer beschichteten Pfanne erhitzen. Den Knoblauch in die Pfanne geben und andünsten. Die Frühlingszwiebel-, Paprikastücke und 245 g abgetropfte Mungobohnensprossen (aus dem Glas) hinzufügen, unter Rühren kurz anbraten. ¼ Teelöffel gemahlenen Ingwer und 125 ml Gemüsebrühe unterrühren und alles etwa 3 Minuten garen. 360 g gegarten Naturreis (etwa 125 g Rohgewicht) unterrühren und kurz miterwärmen. 4 Esslöffel Chilisauce (Fertigprodukt) unterrühren. 300 g Stremel-Lachs in Stücke schneiden und vorsichtig unterheben. Fischpfanne evtl. mit Salz und Pfeffer abschmecken, mit abgespülten, trocken getupften Korianderblättchen garniert servieren.

FRENCH TOAST

Zubereitungszeit: 20 Minuten
+ Vegetarisch

ZUTATEN FÜR 2 PORTIONEN

2 Äpfel (z. B. Gala)
½ Vanilleschote
1 EL frisch gepresster Zitronensaft
1 TL gem. Zimt
1 EL Voll-Rohrzucker
1 Ei (Größe M)
50 ml Milch (1,5 % Fett)
1 Prise Salz
2 Scheiben Rosinenbrot (Rosinenstuten, 60 g)
4 EL Pflanzenöl (z. B. Rapsöl)
2 TL flüssiger Honig

NACH BELIEBEN

etwas Puderzucker

PRO PORTION:

E: 4 g, F: 9 g, Kh: 43 g, kcal: 276

1. Äpfel schälen, vierteln, entkernen und in Spalten schneiden.

2. Vanilleschote aufschneiden. Das Mark vorsichtig mit dem Messerrücken aus der halben Vanilleschote herausschaben. Zitronensaft in einer Schüssel mit Vanillemark, Zimt und Zucker verrühren. Die Apfelspalten untermischen.

3. Ei mit Milch und Salz in einem tiefen Teller mit einer Gabel verschlagen. Die Brotscheiben darin von jeder Seite gründlich eintauchen.

4. Die Hälfte des Pflanzenöls in einer Pfanne erhitzen. Die Apfelspalten darin bei starker Hitze rundherum unter gelegentlichem Wenden goldbraun braten. Restliches Pflanzenöl in einer zweiten Pfanne bei mittlerer Hitze erhitzen. Die Brotscheiben darin von jeder Seite in etwa 2 Minuten goldbraun braten und herausnehmen.

5. French Toast mit den Apfelspalten belegen, mit Honig beträufeln und nach Belieben mit Puderzucker bestäuben.

TIPP:

Dazu passt **Zitrus-Minze-Schwarztee.** Für 2 Tassen Tee 1 Bio-Orange (unbehandelt, ungewachst) heiß abwaschen, abtrocknen und halbieren. Von einer Orangenhälfte die Schale mit einem Sparschäler sehr dünn abschneiden. 5 g geschälten Ingwer in sehr dünne Scheiben schneiden. 1 Stängel Minze abspülen, trocken tupfen und die Blättchen von dem Stängel zupfen. 1 Bio-Zitrone (unbehandelt, ungewachst) heiß abwaschen, abtrocknen und halbieren. Von einer Zitronenhälfte 4 dünne Scheiben abschneiden. Die vorbereiteten Zutaten in eine Teekanne geben. 2 Esslöffel Assamtee in einen Teefilter füllen und in die Teekanne geben. Von einer Orangenhälfte den Saft auspressen, mit 350 ml Wasser zum Kochen bringen. Den Tee mit dem kochend heißen Orangenwasser überbrühen und 3–5 Minuten zugedeckt ziehen lassen. Danach den Teefilter herausnehmen.

FRIKADELLEN MIT ITALIENISCHEN KRÄUTERN

Zubereitungszeit: 25 Minuten, ohne Abkühlzeit

ZUTATEN FÜR 2 PORTIONEN

1 kleine Zwiebel
1 Knoblauchzehe
1 ½ EL Speiseöl, z. B. Sonnenblumenöl
50 g Rucola (Rauke)
1 Zucchini (etwa 200 g)
300 g Gehacktes
(halb Rind-, halb Schweinefleisch)
1 ½ EL TK-italienische Kräuter (ersatzweise ½–¾ TL getrocknete italienische Kräuter)
1 EL Semmelbrösel
1 Ei (Größe S)
Salz
gem. Pfeffer

PRO PORTION:

E: 36 g, F: 34 g, Kh: 8 g, kcal: 481

1. Zwiebel und Knoblauch abziehen, beides fein würfeln.

2. In einer großen Pfanne ½ Esslöffel Öl erhitzen. Die Zwiebel- und Knoblauchwürfel darin unter Rühren in etwa 2 Minuten glasig dünsten. Anschließend auf Küchenpapier abtropfen und etwas abkühlen lassen.

3. In der Zwischenzeit Rucola verlesen und dicke Stängel abschneiden. Rucola abspülen, gut abtropfen lassen oder trocken schleudern. Rucola fein hacken. Zucchini abspülen, abtrocknen und die Enden abschneiden. Die Zucchini grob raspeln.

4. Das Gehackte in eine Schüssel geben. Zwiebel-Knoblauch-Masse, Rucola, Zucchiniraspel, Kräuter, Semmelbrösel und das Ei hinzufügen. Die Zutaten gut vermengen, mit Salz und Pfeffer kräftig würzen.

5. Aus der Fleischmasse mit angefeuchteten Händen 6 Bällchen formen und etwas flach drücken.

6. Das restliche Öl in der Pfanne erhitzen. Die Frikadellen darin von beiden Seiten bei mittlerer bis starker Hitze in etwa 10 Minuten braun und gar braten. Die Frikadellen warm oder kalt servieren.

TIPP:

Als Beilage passt **Rucola-Tomaten-Salat**. Für den Salat etwa 75 g Rucola (Rauke) verlesen, abspülen, abtrocknen oder trocken schleudern und evtl. etwas kleiner zupfen. 1 große Tomate abspülen, abtrocknen, in Spalten schneiden und dabei die Stängelansätze herausschneiden. Tomatenspalten evtl. quer halbieren. Rucola mit Tomaten und einer Salatmarinade (aus etwa 1 Esslöffel Essig, 2–2 ½ Esslöffeln Speiseöl, Salz, Pfeffer, 1 Prise Zucker und nach Belieben etwas Senf) vorsichtig vermischen.

REZEPTVARIANTE:

Für **klassische Frikadellen** Rucola, Zucchini und TK-italienische Kräuter weglassen, dafür die Gehacktesmenge auf 400 g erhöhen. Gehacktes mit angedünsteter Zwiebel-Knoblauch-Masse, Semmelbröseln und Ei vermengen. Die Masse nach Belieben zusätzlich zu Salz und Pfeffer mit ½–1 Teelöffel Paprikapulver edelsüß würzen. Daraus wie beschrieben 6 Frikadellen zubereiten und braten.

GADO GADO (GEMÜSE MIT ERDNUSSSAUCE)

Zubereitungszeit: 30 Minuten
+ Vegetarisch

ZUTATEN FÜR 4 PORTIONEN

500 g Blumenkohl
200 g grüne Bohnen
150 g Zuckerschoten
250 g dicke Möhren
Salz

FÜR DIE ERDNUSSSAUCE:

80 g Erdnussbutter
100 ml ungesüßte Kokosmilch
1 TL rote Currypaste
1 EL Sojasauce
2 EL Limettensaft
4 hart gekochte Eier
150 g Cocktailtomaten

PRO PORTION:

E: 18 g, F: 20 g, Kh: 16 g, kcal: 317

1. Vom Blumenkohl die Blätter entfernen und den Strunk abschneiden. Den Blumenkohl in Röschen teilen, abspülen und abtropfen lassen. Von den Bohnen und Zuckerschoten die Enden abschneiden und evtl. abfädeln. Die Bohnen und Zuckerschoten abspülen und abtropfen lassen.

2. Die Möhren putzen, schälen, abspülen und abtropfen lassen. Nach Belieben in die Möhren der Länge nach mit einem kleinen Messer 3 Keile als Verzierung hineinschneiden. Die Möhren leicht schräg in etwa 1 cm dicke Scheiben schneiden.

3. Salzwasser in einem Topf zum Kochen bringen. Das Gemüse darin nacheinander bissfest garen (die Blumenkohlröschen etwa 3 Minuten, die Zuckerschoten etwa 1 Minute, die Möhrenscheiben etwa 2 Minuten und die Bohnen etwa 5 Minuten). Das gegarte Gemüse jeweils mit einer Schaumkelle aus dem Topf nehmen, mit eiskaltem Wasser abschrecken und in einem Sieb gut abtropfen lassen.

4. Für die Erdnusssauce in der Zwischenzeit die Erdnussbutter mit Kokosmilch, roter Currypaste, Sojasauce und Limettensaft verrühren, mit Salz würzen.

5. Die Eier pellen und längs vierteln. Tomaten abspülen, abtrocknen, vierteln und die Stängelansätze herausschneiden. Das Gemüse mit den Eierspalten, Tomatenvierteln und der Sauce anrichten.

BEILAGE:

Servieren Sie dazu Krabbenchips (Kroepoek).

GARNELEN MIT KOKOSMILCH UND CHILI

Zubereitungszeit: 20 Minuten

ZUTATEN FÜR 4 PORTIONEN

400 ml Kokosmilch
1 EL gelbe Chilipaste (Asialaden)
450 g geschälte Riesengarnelen (entdarmt)
2 EL Fischsauce (Asialaden)
½ EL Zucker oder flüssiger Honig
1–2 Stängel Koriander
1 rote Chilischote
1 Bio-Limette

PRO PORTION:

E: 23 g, F: 20 g, Kh: 7 g, kcal: 303

1. Die Hälfte der Kokosmilch in einem Topf oder Wok erhitzen. Chilipaste unterrühren, zum Kochen bringen und 2–3 Minuten kochen lassen, bis sie anfängt zu duften.

2. Die Garnelen abspülen, trocken tupfen, hinzugeben und etwa 1 Minute mitgaren. Die restliche Kokosmilch, Fischsauce und Zucker oder Honig hinzugeben, wieder zum Kochen bringen und etwa 2 Minuten kochen.

3. Koriander abspülen und trocken tupfen. Blättchen von den Stängeln zupfen. Chili abspülen, trocken tupfen und schräg in Ringe schneiden. Limette heiß abwaschen, abtrocknen, in dünne Scheiben schneiden.

4. Garnelen in Portionsschalen oder auf einer Platte anrichten. Mit Chiliringen, Korianderblättchen und mit halbierten Limettenscheiben garnieren.

BEILAGE:

Dazu passt Reis, z.B. Basmati-Reis.

GARNELEN-SESAM-RÖLLCHEN

Zubereitungszeit: 30 Minuten, ohne Auftau- und Abkühlzeit

ZUTATEN FÜR 3 PORTIONEN

200 g TK-Garnelen (ohne Kopf und Schale, je etwa 20 g)
Salz
1 EL Speiseöl
1 EL Sesamsamen, geschält
30 g Rucola (Rauke)
1 reife Avocado (etwa 225 g)
1 ½ EL Zitronensaft
2 Stängel Koriander
4 runde Reispapierblätter (Ø 20–22 cm)

PRO PORTION:

E: 16 g, F: 20 g, Kh: 10 g, kcal: 282

1. Die Garnelen zugedeckt im Kühlschrank auftauen lassen.

2. Von den Garnelen den Darm entfernen, anschließend die Garnelen unter fließend kaltem Wasser abspülen und mit Küchenpapier trocken tupfen. Die Garnelen mit Salz würzen.

3. Das Speiseöl in einer Pfanne erhitzen. Die Garnelen darin portionsweise bei mittlerer Hitze von jeder Seite etwa 2 Minuten braten. Anschließend aus der Pfanne nehmen und erkalten lassen.

4. Den Sesam in einer Pfanne ohne Fett unter Rühren goldbraun rösten und auf einen Teller geben. Rucola verlesen und die dicken Stängel abschneiden. Rucola abspülen, gut abtropfen lassen und evtl. etwas kleiner zupfen.

5. Avocado halbieren und den Stein entfernen. Das Avocadofleisch mit einem Esslöffel herauslösen. Avocadofleisch mit Zitronensaft und Salz mischen und mit einer Gabel grob zerdrücken.

6. Die Garnelen in etwa 2 cm große Stücke schneiden. Koriander abspülen, trocken tupfen und die Blättchen von den Stängeln zupfen. Etwa 6 Blättchen zum Garnieren beiseitelegen. Die restlichen Blättchen grob zerschneiden. Die Garnelenstücke und die klein geschnittenen Korianderblättchen unter die Avocadocreme rühren.

7. Das Reispapier nacheinander jeweils etwa 1 Minute in lauwarmem Wasser einweichen, dann abtropfen lassen. Jeweils 2 Reispapierblätter übereinanderlegen und jeweils zuerst 1 Teelöffel Sesam und die Hälfte der Rucolablätter darauf verteilen.

8. Auf das untere Drittel des Reispapiers die Hälfte der Avocado-Garnelen-Creme geben und leicht gehäuft verteilen. Das Reispapier stramm aufrollen. Auf diese Weise insgesamt 2 Reispapierrollen herstellen.

9. Kurz vor dem Servieren die Enden der Rollen mit einem scharfen Messer abschneiden. Jede Reispapierrolle in 3 gleich grosse Stücke schneiden und mit dem restlichen Sesam und Koriander bestreuen.

GEBACKENER KÄSE

- Zubereitungszeit: 10 Minuten
  Backzeit: etwa 20 Minuten
- Vegetarisch

ZUTATEN FÜR 2 PORTIONEN

2 kleine Tomaten
1 kleine grüne Paprikaschote (etwa 150 g)
250 g Hirten- oder Schafskäse
1–1 ½ EL Olivenöl
40 g abgetropfte, schwarze entsteinte Oliven (aus dem Glas)
½ TL gem. Kräuter der Provence
gem. Pfeffer, evtl. etwas Salz

ZUSÄTZLICH:

Alufolie

PRO PORTION:

E: 28 g, F: 37 g, Kh: 6 g, kcal: 469

1. Den Backofen vorheizen.
Ober-/Unterhitze: etwa 220 °C
Heißluft: etwa 200 °C

2. Tomaten abspülen, trocken tupfen und die Stängelansätze herausschneiden. Die Tomaten in Scheiben schneiden. Paprikaschote halbieren, entstielen, entkernen und die weißen Scheidewände entfernen. Schote abspülen, abtropfen lassen und in kleine Würfel schneiden. Den Käse waagerecht halbieren.

3. Aus doppelt gefalteter Alufolie 2 rechteckige Formen (je etwa 30 x 40 cm) falten und dünn mit etwas Olivenöl ausstreichen. Jeweils 1 Käsestück darauflegen, mit Tomatenscheiben, Paprikawürfeln und Oliven belegen. Alles kräftig mit Kräutern der Provence, Pfeffer und nach Belieben mit etwas Salz würzen. Das restliche Olivenöl daraufträufeln. Die Alufolie locker über dem Käse zusammenschlagen und die Enden fest verschließen.

4. Die Käsepäckchen auf ein Backblech legen und in den vorgeheizten Backofen schieben. Den Käse etwa 20 Minuten backen (der Käse soll nicht zerlaufen sein). Den Käse aus der Folie wickeln und servieren.

TIPPS:

Im Sommer kann man die Käsepäckchen auf den heißen Grillrost legen und 12–15 Minuten garen. Als Beilage passt knusprig-frisches Bauern- oder Fladenbrot.

GELBES RINDFLEISCHCURRY

Zubereitungszeit: 20 Minuten
Garzeit: 8–10 Minuten

ZUTATEN FÜR 4 PORTIONEN

500 g Rinderfilet oder Rumpsteak (ohne Fettrand)
1 grüne Chilischote
1 kleines Bund Basilikum
400 ml Kokosmilch
2 TL gelbe Currypaste
2 TL gem. Kurkuma (Gelbwurz)
100 g abgetropfte Bambussprossen in Streifen (aus dem Glas)
Zucker
Salz

PRO PORTION:

E: 29 g, F: 23 g, Kh: 4 g, kcal: 338

1. Das Rinderfilet oder Rumpsteak mit Küchenpapier abtupfen und in feine, dünne Streifen schneiden.

2. Chilischote längs halbieren, entstielen, entkernen, abspülen, abtrocknen und schräg in Streifen schneiden.

3. Basilikum abspülen, trocken tupfen und die Blättchen von den Stängeln zupfen.

4. Kokosmilch in einer Pfanne erhitzen. Currypaste und Kurkuma unterrühren.

5. Die Fleischstreifen, zwei Drittel der Basilikumblättchen, die Chilistreifen, Bambussprossen und etwas Zucker hinzufügen. Die Zutaten zum Kochen bringen und 8–10 Minuten leicht kochen lassen.

6. Rindfleischcurry vor dem Servieren mit Salz würzen und mit den restlichen Basilikumblättchen bestreuen.

BEILAGE:

Dazu schmeckt Reis oder Couscous.

GEMÜSE-HÄHNCHEN-PFANNE

Zubereitungszeit: 30 Minuten , ohne Durchziehzeit

ZUTATEN FÜR 4 PORTIONEN

500 g Hähnchenbrustfilet
4 EL dunkle Sojasauce
100 g Mini-Maiskolben (frisch oder abgetropfte Mini-Maiskolben aus der Dose)
150 g Champignons
200 g Zuckerschoten
2 rote Paprikaschoten (je etwa 200 g)
2 Knoblauchzehen
4 Frühlingszwiebeln
5 EL Speiseöl, z. B. Sesamöl
2 Msp. Chiliflocken
200 ml Gemüsebrühe
4 EL dunkle Sojasauce
15 g Speisestärke
Salz
gem. Pfeffer
Zucker

PRO PORTION:

E: 37 g, F: 14 g, Kh: 22 g, kcal: 364

1. Hähnchenbrustfilet mit Küchenpapier abtupfen und in feine Streifen schneiden. Die Hähnchenstreifen in einer Schüssel mit Sojasauce vermischen, zugedeckt im Kühlschrank etwa 15 Minuten durchziehen lassen.

2. In der Zwischenzeit frische Maiskolben putzen, abspülen, abtropfen lassen und halbieren. Maiskolben aus dem Glas abtropfen lassen. Champignons putzen, evtl. kurz abspülen, trocken tupfen und halbieren. Von den Zuckerschoten die Enden abschneiden, evtl. abfädeln. Zuckerschoten abspülen und abtropfen lassen.

3. Paprikaschoten halbieren, entstielen, entkernen und die weißen Scheidewände entfernen. Schoten abspülen, abtropfen lassen und in Streifen schneiden. Knoblauch abziehen, klein würfeln. Frühlingszwiebeln putzen, abspülen, abtropfen lassen und in Stücke schneiden.

4. Die Fleischstreifen aus der Marinade nehmen und etwas abtropfen lassen. 2 Esslöffel des Speiseöls in einer großen Pfanne erhitzen. Die Fleischstreifen darin von beiden Seiten 3–4 Minuten knusprig braun braten. Die Fleischstreifen aus der Pfanne nehmen und warm stellen.

5. Restliches Speiseöl zum Bratensatz in die Pfanne geben. Knoblauchwürfel darin andünsten. Vorbereitetes Gemüse in die Pfanne geben und unter Rühren etwa 3 Minuten braten. Mit Chiliflocken würzen.

6. Brühe und Sojasauce unterrühren, zum Kochen bringen. Speisestärke mit etwas Wasser anrühren, unter das Gemüse rühren und unter Rühren kurz aufkochen lassen. Fleischstreifen wieder hinzufügen und kurz miterwärmen. Die Gemüsepfanne mit Salz, Pfeffer und 1 Prise Zucker abschmecken.

GEMÜSE MIT KÄSESAUCE

Zubereitungszeit: 30 Minuten
+ Vegetarisch

ZUTATEN FÜR 4 PORTIONEN

800 g vorwiegend festkochende Kartoffeln
Salz
8 Möhren (etwa 800 g)
1 Bund Frühlingszwiebeln (etwa 250 g)
500 g Brokkoli
2 EL Sonnenblumenöl
500 ml heiße Gemüsebrühe
250 ml Milch (3,5 % Fett)
150 g Schmelzkäse-Zubereitung (kalorienreduziert, 10 % Fett)
2 geh. EL heller Saucenbinder
gem. Pfeffer
geriebene Muskatnuss
½ EL TK-Petersilie

PRO PORTION:

E: 17 g, F: 12 g, Kh: 48 g, kcal: 376

1. Die Kartoffeln schälen, abspülen, abtropfen lassen, in einem Topf, knapp mit Wasser bedeckt, zugedeckt zum Kochen bringen, Salz hinzufügen. Die Kartoffeln in 20–25 Minuten gar kochen.

2. In der Zwischenzeit die Möhren putzen, schälen, abspülen, gut abtropfen lassen und schräg in dünne Scheiben schneiden. Frühlingszwiebeln putzen, abspülen, abtropfen lassen, in etwa 5 cm lange Stücke schneiden. Von dem Brokkoli die Blätter entfernen und die Röschen abschneiden. Die Röschen abspülen und abtropfen lassen.

3. Sonnenblumenöl in einer großen Pfanne erhitzen. Möhrenscheiben und Frühlingszwiebelstücke darin bei mittlerer Hitze 3–4 Minuten unter gelegentlichem Rühren andünsten. Brokkoliröschen hinzugeben. Heiße Gemüsebrühe hinzugießen, zum Kochen bringen und zugedeckt etwa 10 Minuten bei mittlerer Hitze garen.

4. Gemüse mit der Schaumkelle aus dem Gemüsesud nehmen und warm stellen.

5. Milch in den Gemüsesud rühren. Den Schmelzkäse hinzugeben und unter Rühren schmelzen lassen. Die Sauce kurz aufkochen und mit Saucenbinder binden. Die Käsesauce mit Salz, Pfeffer und Muskat abschmecken. Petersilie unterrühren.

6. Die gegarten Kartoffeln abgießen und in eine Schüssel geben.

7. Das Gemüse auf einer vorgewärmten Platte anrichten. Etwas Käsesauce darauf verteilen. Restliche Käsesauce und die Kartoffeln dazureichen.

GEMÜSEPALATSCHINKEN MIT SPINAT

Zubereitungszeit: 15 Minuten, ohne Abkühlzeit
Backzeit: etwa 15 Minuten
+ Vegetarisch

ZUTATEN FÜR 4 PORTIONEN

1 Zwiebel (etwa 100 g), 1 Knoblauchzehe
2 EL Butter
1 Bio-Zitrone (unbehandelt, ungewachst)
250 g Ricotta (ital. Frischkäse)
Salz, gem. Pfeffer
300 g TK-Blattspinat, aufgetaut
4 fertige Crêpes aus dem Kühlregal
(Ø etwa 20 cm)

1 große Tomate
2 EL Pinienkerne
2 Stängel Basilikum

PRO PORTION:

E: 14 g, F: 18 g, Kh: 11 g, kcal: 270

1. Den Backofen vorheizen.
Ober-/Unterhitze: etwa 160 °C
Heißluft: etwa 150 °C

2. Zwiebel und Knoblauch abziehen. Die Zwiebel fein würfeln und den Knoblauch durch eine Knoblauchpresse drücken. Butter in einer kleinen Pfanne zerlassen. Zwiebelwürfel und Knoblauch darin andünsten. Ausgedrückten Blattspinat hinzugeben und kurz mitdünsten. Zwiebel-Knoblauch-Spinat-Mischung etwas abkühlen lassen.

3. Die Zitrone heiß abwaschen, abtrocknen und die Schale abreiben. Zitrone halbieren und den Saft auspressen. Ricotta in eine Schüssel geben. Die Zwiebel-Knoblauch-Spinat-Mischung und Zitronenschale unterrühren. Mit Salz, Pfeffer und etwas Zitronensaft kräftig würzen.

4. Die Spinat-Ricotta-Masse auf den Crepes verteilen, aufrollen und mit der Nahtseite nach unten auf ein Backblech (mit Backpapier belegt) legen. Das Backblech in den vorgeheizten Backofen schieben. Die gefüllten Rollen **etwa 15 Minuten backen.**

5. In der Zwischenzeit die Tomate abspülen, trocken tupfen und den Stängelansatz herausschneiden. Tomate vierteln, entkernen und das Fruchtfleisch in feine Würfel schneiden. Die Pinienkerne in einer Pfanne ohne Fett unter Rühren goldbraun rösten. Basilikum abspülen, trocken tupfen und die Blättchen von den Stängeln zupfen.

6. Die fertig gebackenen Palatschinken mit Tomatenwürfeln, Pinienkernen und Basilikumblättchen bestreuen.

REZEPTVARIANTE:

Palatschinken kann man auch sehr gut **selber zubereiten.** Das braucht aber etwas länger: Für den Teig 120 g Weizenmehl in eine Rührschüssel geben. 4 Eier (Größe M) mit 250 ml Milch (3,5 % Fett), einer Prise Salz und 2 TL klein geschnittene Petersilie verschlagen. Eiermilch nach und nach unter Rühren zum Mehl geben. Darauf achten, dass keine Klümpchen entstehen. Den Teig 20–30 Minuten ruhen lassen.
Etwas Butter (etwa 40 g) in einer beschichteten Pfanne (Ø etwa 20 cm) zerlassen. Den Teig gut durchrühren und eine dünne Teiglage mit einer drehenden Bewegung auf dem Boden der Pfanne verteilen. Palatschinken von beiden Seiten etwa 2 Minuten goldbraun braten. Bevor der Palatschinken gewendet wird, wieder etwas Butter in die Pfanne geben. Palatschinken warm stellen. Aus dem restlichen Teig weitere Palatschinken backen.

GRÜNKOHL MIT METTENDEN UND RÖSTKARTOFFELN

Zubereitung: 30 Minuten
Garzeit: 20 Minuten

2 PORTIONEN

1 kleine Zwiebel
1 EL Schweineschmalz
720 g fertig zubereiteter und gewürzter 2-Min.-Grünkohl (aus dem Glas)
200 ml Rinderbrühe
2 Mettenden
2 Scheiben Kasseler
12 kleine Pellkartoffeln (vom Vortag)
2 EL Pflanzenöl
Salz, gem. Pfeffer
Zucker
mittelscharfer Senf
1 EL Butter

PRO PORTION:

E: 62 g, F: 72 g, Kh: 36 g, kcal: 1049

1. Die Zwiebel abziehen und fein würfeln. Schmalz in einem großen Topf erhitzen. Die Zwiebelwürfel darin glasig dünsten. Den Grünkohl hinzugeben und die Rinderbrühe hinzugießen.

2. Die Mettenden rundherum mehrfach mit einer Gabel einstechen und zum Grünkohl geben (so gart die Wurst schneller, das Fett tritt aus und würzt den Kohl). Die Zutaten zum Kochen bringen und zugedeckt bei schwacher bis mittlerer Hitze etwa 20 Minuten kochen. Nach etwa 10 Minuten Garzeit die Kasselerscheiben zum Grünkohl in den Topf geben und alles fertig garen.

3. In der Zwischenzeit Kartoffeln pellen. Pflanzenöl in einer Pfanne erhitzen. Die gepellten Kartoffeln darin von allen Seiten in etwa 10 Minuten goldbraun braten.

4. Mettenden und Kasselerscheiben aus dem Topf nehmen. Den Grünkohl nach Belieben mit Salz, Pfeffer, Zucker und Senf abschmecken. Die Butter und eine Prise Zucker zu den gerösteten Kartoffeln geben. Grünkohl mit Mettenden, Kasseler und Röstkartoffeln auf 4 Tellern anrichten.

TIPP:

Den Grünkohl durch die Zugabe von 1–2 Esslöffeln Haferflocken (Instant) binden.

GURKEN-MINZE-PFANNE MIT SHRIMPS

Zubereitungszeit: 30 Minuten

ZUTATEN FÜR 2 PORTIONEN

2 Salatgurken (etwa 750 g)
4 Tomaten (etwa 400 g)
½ Bund frische Minze
350 g Shrimps (ohne Kopf und Schale, entdarmt)
2 EL Olivenöl
75 g Crème fraîche
Salz
gem. Pfeffer

PRO PORTION:

E: 37 g, F: 25 g, Kh: 13 g, kcal: 426

1. Die Gurken schälen und die Enden abschneiden. Gurken jeweils längs halbieren und die Kerne mit einem Löffel herausschaben. Gurkenhälften evtl. kurz abspülen, trocken tupfen und in Scheiben schneiden.

2. Tomaten abspülen, trocken tupfen, halbieren und die Stängelansätze herausschneiden. Tomaten grob würfeln.

3. Minze abspülen und trocken tupfen. Die Blättchen von den Stängeln zupfen. Einige Blättchen zum Garnieren beiseitelegen. Restliche Blättchen klein schneiden. Shrimps kurz unter fließendem kalten Wasser abspülen und trocken tupfen.

4. Olivenöl in einer großen Pfanne erhitzen. Die Gurkenscheiben darin von beiden Seiten leicht anbraten. Tomatenwürfel hinzufügen und 5–10 Minuten mitdünsten lassen. Shrimps und Minze unterheben. Die Crème fraîche unterrühren. Die Zutaten zum Kochen bringen und 3–5 Minuten bei schwacher Hitze leicht kochen lassen. Gurken-Minze-Pfanne mit Salz und Pfeffer würzen. Mit den beiseitegelegten Minzeblättchen garnieren.

GYROS IM PITA-BROT

Zubereitungszeit: 20 Minuten, ohne Marinierzeit

ZUTATEN FÜR 3 STÜCK

FÜR DIE FÜLLUNG:

200 g dünne magere Schweineschnitzel
1–2 EL Olivenöl
1 EL Gyros-Gewürzmischung
1 Zwiebel, 2 kleine Tomaten (etwa 125 g)
125 g Weißkohl

FÜR DIE KNOBLAUCHSAUCE:

125 g Magerquark
125 g Joghurt (1,5 % Fett)
1–2 Knoblauchzehen
Salz, gem. Pfeffer

3 Pita-Brottaschen

PRO STÜCK:

E: 29 g, F: 8 g, Kh: 43 g, kcal: 360

1. Die Schweineschnitzel mit Küchenpapier trocken tupfen. Das Fleisch in dünne Streifen schneiden. Das Olivenöl mit der Gyros-Gewürzmischung verrühren. Die Fleischstreifen darin etwa 20 Minuten marinieren lassen, dabei die Fleischstreifen zwischendurch 2–3-mal wenden.

2. In der Zwischenzeit die Zwiebel abziehen und in dünne Ringe schneiden. Tomaten abspülen, abtrocknen und in dünne Scheiben schneiden.

3. Vom Weißkohl die äußeren Blätter entfernen. Den Kohl vierteln und in feine Streifen schneiden. Die Kohlstreifen waschen, gut abtropfen lassen oder trocken schleudern. Kohlstreifen mit Zwiebelringen und Tomatenscheiben mischen.

4. Eine große Pfanne erhitzen. Das marinierte Gyrosfleisch mit dem Würzöl in die Pfanne geben und darin unter gelegentlichem Wenden bei mittlerer bis starker Hitze in 8–10 Minuten braun anbraten.

5. Für die Knoblauchsauce in der Zwischenzeit den Quark mit dem Joghurt in einer Schüssel glatt rühren. Knoblauchzehen abziehen und durch eine Knoblauchpresse drücken oder sehr fein hacken. Den Knoblauch unter den Joghurtquark rühren. Die Knoblauchsauce mit Salz und Pfeffer abschmecken.

6. Die Pita-Brottaschen im Toaster nach Packungsanleitung toasten und dann die Brottaschen mit dem Gyros, dem vorbereiteten Gemüse und der Knoblauchsauce füllen.

TIPPS:

Statt Weißkohl eignet sich auch Eisbergsalat. Für manche Menschen ist roher Weißkohl nicht so bekömmlich. Dann einfach die Kohlstreifen mit gut ¼ Teelöffel Salz ordentlich verkneten und etwa 1 Stunde durchziehen lassen. Anschließend die entstanden Flüssigkeit abgießen und den Kohl weiterverarbeiten.

REZEPTVARIANTE:

Für **vegetarische Pita-Brottaschen** das Schweinefleisch komplett weglassen. Dafür zusätzlich je ½ grüne und ½ gelbe Paprikaschote (je etwa 100 g) entstielen, entkernen und die weißen Scheidewände entfernen. Schotenhälften abspülen, abtropfen lassen und in dünne Streifen schneiden. In einer großen Pfanne 1 Esslöffel Olivenöl erhitzen. Die Paprikastreifen und die Hälfte der Zwiebelringe mit etwa ¼ Esslöffel Gyros-Gewürzmischung darin unter gelegentlichem Rühren bei mittlerer bis großer Hitze in 3–4 Minuten bissfest garen. Die Zutaten kurz abkühlen lassen und mit dem vorbereiteten Gemüse (restliche Zwiebelringe, Tomatenscheiben und Weißkohlstreifen) vermischen. Die getoasteten Pita-Brottaschen mit dem Gemüse und der Knoblauchsauce füllen.

HACK-NESTER

Zubereitungszeit: 25 Minuten
Überbackzeit: etwa 10 Minuten

ZUTATEN FÜR 4 PORTIONEN

1 Brötchen (Semmel) vom Vortag
1 Zwiebel
500 g Gehacktes
(halb Rind-, halb Schweinefleisch)
1 Ei (Größe M)
1 TL gerebelter Thymian
1 Msp. Paprikapulver rosenscharf
Salz
gem. Pfeffer
4 EL Speiseöl
300 g Tomaten
200 g Schafskäse
etwas Rucola (Rauke)

PRO PORTION:

E: 36 g, F: 44 g, Kh: 12 g, kcal: 593

1. Brötchen in kaltem Wasser einweichen. Zwiebel abziehen und in kleine Würfel schneiden.

2. Gehacktes in eine Schüssel geben. Ei, ausgedrücktes Brötchen und Zwiebelwürfel gut unterkneten. Mit Thymian, Paprika, Salz und Pfeffer würzen.

3. Aus der Hackfleischmasse mit angefeuchteten Händen 8 Frikadellen formen. In die Mitte der Frikadellen je eine Vertiefung drücken.

4. Speiseöl in einer Pfanne erhitzen. Die Frikadellen darin von der unteren Seite anbraten, herausnehmen und auf ein Backblech (mit Backpapier belegt) setzen.

5. Den Backofengrill vorheizen.

6. Tomaten kreuzweise einschneiden, mit kochendem Wasser übergießen. Nach 1–2 Minuten herausnehmen und mit kaltem Wasser abschrecken. Tomaten häuten, halbieren und die Stängelansätze herausschneiden. Die Tomaten in kleine Würfel schneiden. Schafskäse zerbröseln.

7. Tomatenwürfel mit den Käsebröseln vermischen und in die Vertiefungen der Frikadellen füllen.

8. Das Backblech unter den vorgeheizten Backofengrill schieben und die Hack-Nester etwa 10 Minuten überbacken.

9. In der Zwischenzeit Rucola verlesen und die dicken Stiele entfernen. Rucola abspülen und trocken tupfen. Die Hacknester vom Backblech nehmen, auf Tellern anrichten und mit Rucola garnieren.

HÄHNCHENRAGOUT MIT BASMATIREIS

Zubereitungszeit: 30 Minuten

ZUTATEN FÜR 4 PORTIONEN

400 ml Wasser
200 g Basmatireis
2 gestr. TL Salz
400 g Hähnchenbrustfilet
600 g Brokkoli
2 Zwiebeln (130 g)
2 TL Speiseöl (z. B. Rapsöl, 20 g)
Salz
frisch gem. Pfeffer
1 TL Zitronensaft
12 EL heißes Wasser
50 g saure Sahne (10 % Fett)
2 TL Currypulver

PRO PORTION:

E: 31,3 g, F: 5,4 g, Kh: 42,1 g, kcal: 346

1. Wasser in einem Topf zum Kochen bringen. Reis und Salz hinzufügen, wieder zum Kochen bringen. Reis nach Packungsanleitung bei schwacher Hitze in etwa 20 Minuten ausquellen lassen.

2. In der Zwischenzeit Hähnchenbrustfilet unter fließend kaltem Wasser abspülen, trocken tupfen und in etwa 1 ½ cm dicke Streifen schneiden.

3. Brokkoli putzen, in kleine Röschen teilen, abspülen und abtropfen lassen. Zwiebeln abziehen und fein würfeln.

4. Öl in einer Pfanne erhitzen. Hähnchenstreifen unter Rühren darin anbraten, mit Salz und Pfeffer würzen. Brokkoli und Zwiebelwürfel hinzufügen und kurz mit anbraten. Zitronensaft und Wasser unterrühren und die Zutaten zugedeckt etwa 5 Minuten garen.

5. Saure Sahne einrühren und das Ragout mit Salz, Pfeffer und Currypulver abschmecken. Hähnchenragout mit dem Reis servieren.

TIPPS:

Statt Basmati-Reis können Sie auch anderen Reis verwenden, z.B. duftigen Jasmin-Reis. Oder geben Sie dem Gericht eine besondere Geschmacksnote, indem Sie einige Blättchen Thai-Basilikum fein schneiden und unter das Hähnchenragout rühren. Es gibt verschiedene Sorten von Thai-Basilikum. Variieren Sie nach Belieben: Das süße Horapa-Basilikum schmeckt nach Anis und Lakritze und wird in der traditionellen thailändischen Küche z. B. in Currys verwendet. Man erkennt es an den rötlichen bis dunkelvioletten Stängeln und den dunkelgrünen Blättern, die von gut sichtbaren Blattrippen durchzogen sind. Horapa-Basilikum wird immer erst nach der Garzeit zum Gericht gegeben.
Krapao-Basilikum eignet sich für alle Wok- und Pfannengerichte. Es schmeckt nach Nelken und Piment, wenn es leicht erwärmt wird. Zu erkennen ist diese Basilikum-Sorte an den leicht behaarten Blättern mit den gezähnten Rändern.

HÄHNCHENFLÜGEL MIT PAPRIKA-GEMÜSE

Zubereitungszeit: 30 Minuten
Garzeit: 15 MInuten

ZUTATEN FÜR 4 PORTIONEN

800 g Hähnchenflügel
Salz
gem. Pfeffer
2 TL Paprikapulver edelsüß
800 g bunte Paprikaschoten, z. B. rote, gelbe, orange
1 Zwiebel
2 EL Speiseöl
200 ml Gemüse- oder Geflügelbrühe
200 g Schlagsahne
2 EL Schmand (Sauerrahm)
1 EL Zitronensaft

PRO PORTION:

E: 29 g, F: 49 g, Kh: 11 g, kcal: 595

1. Die Hähnchenflügel mit Küchenpapier abtupfen, mit Salz, Pfeffer und 1 Teelöffel Paprika würzen.

2. Die Paprikaschoten halbieren, entstielen, entkernen und die weißen Scheidewände entfernen. Die Schoten abspülen, abtropfen lassen und in grobe Würfel schneiden. Zwiebel abziehen und in Scheiben schneiden.

3. Speiseöl in einer großen Pfanne erhitzen. Hähnchenflügel darin evtl. portionsweise von allen Seiten gut anbraten.

4. Paprikawürfel und Zwiebelscheiben hinzugeben und mitbraten lassen. Mit restlichem Paprika bestäuben und unterrühren. Das Gemüse mit Salz und Pfeffer würzen.

5. Brühe und Sahne hinzugeben und zum Kochen bringen. Die Hähnchenflügel 10–15 Minuten bei schwacher Hitze garen. Die Sauce sollte dabei eine leicht cremige Konsistenz bekommen. Zum Schluss noch Schmand und Zitronensaft unterrühren.

TIPPS:

Statt Hähnchenflügel können Sie auch in Streifen geschnittene Hähnchenbrustfilets verwenden, ohne dass sich die Garzeit verlängert. Sehr lecker dazu sind Penne-Nudeln.

HÄHNCHEN MIT CURRY UND INGWER

Zubereitungszeit: 15 Minuten
Brat- und Garzeit: etwa 15 Minuten

ZUTATEN FÜR 4 PORTIONEN

600 g Hähnchenbrustfilet
Salz
1 Prise gem. Piment
1 mittelgroße Stange Lauch
3 mittelgroße Möhren
1 Stück frischer Ingwer (walnussgroß)
2 EL Butterschmalz
gem. Pfeffer
1–2 TL mildes Currypulver
150 ml Gemüsebrühe
Saft von ½ Limette
1 TL flüssiger Honig
250 g Joghurt (3,5 % Fett)

PRO PORTION:

E: 39 g, F: 14 g, Kh: 8 g, kcal: 317

1. Die Hähnchenbrustfilets kurz unter fließend kaltem Wasser abspülen, trocken tupfen und in Streifen schneiden. Mit etwas Salz und Piment würzen.

2. Lauch putzen, die Stange längs halbieren, gründlich waschen und abtropfen lassen.

3. Möhren putzen, schälen, abspülen und abtropfen lassen. Lauch in Streifen und Möhren in feine Scheiben schneiden. Ingwer schälen und in kleine Würfel schneiden.

4. Butterschmalz in einer Pfanne erhitzen. Die Fleischstreifen darin von allen Seiten knusprig braun braten. Lauchstreifen, Möhrenscheiben und Ingwerwürfel hinzufügen. Mit Salz, Pfeffer und Curry würzen, kurz mit anbraten. Gemüsebrühe hinzugießen. Limettensaft und Honig unterrühren.

5. Die Zutaten zum Kochen bringen und zugedeckt 5–7 Minuten bei schwacher Hitze kochen lassen. Die Pfanne von der Kochstelle nehmen. Joghurt unter die Hähnchenpfanne rühren (nicht mehr kochen lassen), mit Curry, Salz und Piment würzig abschmecken.

TIPPS:

Dazu passt Vollkorn-Reis. Wenn das Gericht laktosefrei sein soll, lässt es alternativ auch mit Soja-Produkten zubereiten. Statt Lauch schmecken auch rote Paprikaschoten, tiefgekühlte Erbsen oder Brokkoliröschen zu diesem Curryhähnchen.

HÄHNCHENSALAT CALIFORNIA STYLE

Zubereitungszeit: 20 Minuten, ohne Abkühlzeit

ZUTATEN FÜR 2 PORTIONEN

Salz
100 g Nudeln, z. B. Farfalle oder Tagliatelle
2 kleine Knoblauchzehen
4 EL Apfelessig
1 TL milder Dijon-Senf
1 TL flüssiger Honig
gem. Pfeffer
2 EL Olivenöl
1 rote Zwiebel
200 g Champignons
60 g Rucola (Rauke)
200 g Mango-Fruchtfleisch (vorbereitet gewogen)
60 g geräucherter Hähnchenbrust-Aufschnitt, in feinen Scheiben

PRO PORTION:

E: 19 g, F: 13 g, Kh: 57 g, kcal: 416

1. Wasser in einem Topf zugedeckt zum Kochen bringen. Dann Salz und Nudeln hinzugeben. Die Nudeln im geöffneten Topf bei mittlerer Hitze nach Packungsanleitung bissfest kochen, dabei gelegentlich umrühren.

2. In der Zwischenzeit Knoblauch abziehen, klein würfeln und mit etwas Salz auf einem Schneidbrett fein zerreiben. Knoblauch mit Essig, Senf, Honig, Salz und Pfeffer verrühren. Das Olivenöl unterschlagen.

3. Die gegarten Nudeln in ein Sieb geben, mit kaltem Wasser abspülen, abtropfen und abkühlen lassen.

4. Inzwischen die Zwiebel abziehen, zuerst in feine Scheiben schneiden, dann in Ringe teilen. Champignons putzen, evtl. kurz abspülen, trocken tupfen und in feine Scheiben schneiden. Die Nudeln, Zwiebelringe und Pilzscheiben mit dem Dressing vermischen.

5. Rucola verlesen und die dicken Stiele entfernen. Rucola abspülen, gut abtropfen lassen oder trocken schleudern und evtl. etwas kleiner zupfen. Mango-Fruchtfleisch in feine Spalten schneiden. Rucola und Mangospalten vorsichtig unter die marinierten Nudeln heben, mit Salz und Pfeffer abschmecken. Den Salat mit dem Hähnchenbrust-Aufschnitt anrichten.

TIPP:

So lässt sich eine Mango ganz einfach schälen und schneiden: Zunächst die Schale mit einem Sparschäler rundherum entfernen (wie beim Kartoffelschälen). Danach mit einem Küchenmesser längs – möglichst dicht am Kern entlang – zwei große Stücke abschneiden. Diese Mangostücke dann in feine Spalten schneiden. Das restliche Fruchfleisch können Sie dann in kleinen Scheiben direkt vom Kern abschneiden.

HÄHNCHENSPIESSE MIT PFLAUMEN-SESAM-DIP

Zubereitungszeit: 30 Minuten , ohne Marinierzeit

ZUTATEN FÜR 4 PORTIONEN

12 Hähnchen-Innenbrustfilet-Streifen (etwa 600 g)
Salz, gem. Pfeffer
7 EL Sojasauce
2 Stangen Lauch (je etwa 200 g)
30 g frischer Ingwer
3 EL Sesamöl
4–5 EL Orangensaft
2 EL Pflaumenmus
2 gestr. TL Sesamsamen

ZUSÄTZLICH:

16 Schaschlikspieße

PRO PORTION:

E: 38 g, F: 5 g, Kh: 13 g, kcal: 255

1. Das Hähnchenfleisch kurz unter fließend kaltem Wasser abspülen, trocken tupfen, mit etwas Salz und Pfeffer würzen. Die Hähnchenstreifen in jeweils 4 Stücke teilen und in einer Schüssel mit 6 Esslöffeln der Sojasauce verrühren. Das Hähnchenfleisch darin etwa 10 Minuten marinieren, dabei einmal wenden.

2. In der Zwischenzeit Lauch putzen, die Stangen längs halbieren, gründlich waschen und abtropfen lassen. Den Lauch in etwa 5 cm breite Stücke schneiden. Die Lauchstücke in einzelne Schichten zerlegen. Den Ingwer schälen und in dünne Scheiben schneiden.

3. Die Hähnchenstücke aus der Marinade nehmen und abwechselnd mit den Lauchstücken und den Ingwerscheiben auf 16 Schaschlikspieße stecken.

4. Das Sesamöl in einer großen Pfanne erhitzen. Die Hähnchenspieße portionsweise darin von allen Seiten etwa 8 Minuten bei mittlerer bis starker Hitze goldbraun braten. Die gegarten Hähnchenspieße herausnehmen und warm halten.

5. In der Zwischenzeit den Orangensaft mit der restlichen Sojasauce und dem Pflaumenmus glatt rühren. Den Sesam unterrühren.

6. Die Hähnchenspieße auf Tellern anrichten. Etwas von dem Pflaumen-Sesam-Dip auf die Spieße geben. Den restlichen Dip getrennt dazureichen.

TIPPS:

Das Fleisch wird noch zarter, wenn Sie die Hähnchenstücke länger marinieren, etwa 30 Minuten. Dann zwischendurch 2–3-mal wenden.
Als Beilage passt Baguette oder Basmatireis.

HALLOUMI MIT TOMATEN-KAPERN-SUGO, GEGRILLT

● Zubereitungszeit: 10 Minuten
Grillzeit: 2–6 Minuten
+ Vegetarisch

ZUTATEN FÜR 4 PORTIONEN

3 Tomaten
1 Bio-Zitrone
2 TL abgetropfte feine Kapern (aus dem Glas)
1 EL flüssiger Honig
4 EL Olivenöl
2 TL TK-Petersilie
Salz
gem. Pfeffer
250 g Halloumi-Käse
(halbfester Schnittkäse aus Zypern)

ZUSÄTZLICH:

etwas Olivenöl zum Bestreichen

PRO PORTION:

E: 14 g, F: 25 g, Kh: 7 g, kcal: 313

1. Tomaten abspülen, abtrocknen, halbieren und die Stängelansätze herausschneiden. Tomatenhälften entkernen und in kleine Würfel schneiden.

2. Die Zitrone heiß abwaschen, abtrocknen und die Schale fein abreiben. Die Zitrone halbieren und den Saft auspressen.

3. Tomatenwürfel und Kapern in eine Schüssel geben. Zitronenschale, -saft, Honig, Olivenöl und Petersilie hinzufügen. Die Zutaten gut vermischen. Den Tomaten-Kapern-Sugo mit Salz und Pfeffer würzen.

4. Den Käse in 4 gleich dicke Scheiben schneiden. Die Käsescheiben in einer Grillschale oder auf einem Stück Alufolie (beides dünn mit Olivenöl bestrichen) auf den heißen Grillrost legen und von jeder Seite so lange grillen, bis sie goldbraun sind (1–3 Minuten pro Seite).

5. Den Käse auf einer Platte anrichten. Den Tomaten-Kapern-Sugo daraufgeben.

BEILAGE:

Den gegrillten Halloumi mit Rucolasalat, geröstetem Fladenbrot und etwas Kräuterquark oder Pesto servieren.

KAISERSCHMARRN MIT PINIENKERNEN

Zubereitungszeit: 20 Minuten
Backzeit: etwa 10 Minuten
+ Vegetarisch

ZUTATEN FÜR 2 PORTIONEN

80 g Weizenmehl
125 ml Milch
2 Eigelb (Größe L)
Salz
2 Eiweiß (Größe L)
1 EL Bourbon-Vanille-Zucker
30 g Rosinen
30 g Pinienkerne
2 EL Butter
25 g Puderzucker zum Bestäuben

PRO PORTION:

E: 17 g, F: 33 g, Kh: 62 g, kcal: 622

1. Den Backofen vorheizen.
Ober-/Unterhitze: etwa 180 °C
Heißluft: etwa 160 °C

2. Mehl in eine Rührschüssel geben, mit Milch, Eigelb und einer Prise Salz zu einem glatten Teig verrühren.

3. Eiweiß mit Vanille-Zucker sehr steif schlagen. Eischnee mit Rosinen und Pinienkernen unter den Teig heben.

4. Butter in einer großen ofenfesten Pfanne zerlassen. Den Teig hineingeben und kurz auf der Unterseite backen. Dann die Pfanne auf dem Rost in den vorgeheizten Backofen schieben und etwa 10 Minuten backen.

5. Den Kaiserschmarrn mit 2 Gabeln in Stücke zupfen und dick mit Puderzucker bestäuben.

TIPP:

Wer mag, garniert den Kaiserschmarrn mit gerösteten Pinienkernen. Dafür Pinienkerne in einer Pfanne ohne Fett leicht anrösten, bis sie anfangen zu duften.

BEILAGE:

In Südtirol wird Kaiserschmarrn meist mit Preiselbeeren serviert. Er schmeckt aber auch mit anderen Beeren, Eis oder Apfelkompott. Für ein **schnelles Apfelkompott** (4 Portionen) 4 säuerliche Äpfel schälen, vierteln, entkernen und in Stücke schneiden. Apfelstücke mit 5 Esslöffel Wasser und 1 Esslöffel Zucker in einen Topf geben und zugedeckt bei schwacher Hitze 5–10 Minuten garen. Die Apfelstücke nach Belieben pürieren und mit Zucker abschmecken.

KASSELERRÖLLCHEN MIT RADIESCHEN-FRISCHKÄSE

Zubereitungszeit: 10 Minuten , ohne Abkühlzeit

ZUTATEN FÜR 2 PORTIONEN

4 Scheiben Vollkorn-Toastbrot (etwa 80 g)
100 g Frischkäse (0,2 % Fett)
gem. Pfeffer
1 TL Senf
12 mittelgroße Radieschen (etwa 120 g)
evtl. Salz
8 dünne Scheiben Kasseler-Aufschnitt (etwa 80 g)
evtl. etwas Gartenkresse

ZUSÄTZLICH:

Holzstäbchen

PRO PORTION:

E: 18 g, F: 3 g, Kh: 20 g, kcal: 183

1. Die Toastbrot-Scheiben im Toaster goldbraun rösten und etwas abkühlen lassen.

2. In der Zwischenzeit den Frischkäse mit Pfeffer und Senf verrühren. Radieschen putzen, abspülen, trocken tupfen und in feine Stifte schneiden oder raspeln. Die Radieschenstifte oder -raspel unter den Frischkäse mischen. Den Radieschen-Frischkäse evtl. mit etwas Salz abschmecken.

3. Vollkorn-Toastbrot-Scheiben diagonal halbieren. Die Kasseler-Scheiben mit dem Radieschen-Frischkäse bestreichen, aufrollen und mit Holzstäbchen feststecken.

4. Die Kasselerröllchen auf den Toastbrot-Ecken anrichten. Nach Belieben mit etwas abgespülter, trocken getupfter Kresse bestreuen.

TIPP:

Wer den Snack mit ins Büro oder zum Picknick mitnehmen möchte, verwendet stattdessen Graubrot. Die Scheiben mit der Frischkäse-Mischung bestreichen, mit Aufschnitt und eventuell mit Gartenkresse belegen. Die geputzten Radieschen separat mitnehmen und einfach dazu essen.

KICHERERBSEN-ZUCCHINI-SALAT MIT MINZ-JOGHURT

Zubereitungszeit: 30 Minuten
+ Vegetarisch

ZUTATEN FÜR 2 PORTIONEN

FÜR DEN SALAT:

500 g abgetropfte Kichererbsen (aus der Dose)
1 Bund Radieschen
1 Zucchini
½ Blattsalat, z. B. Eichblatt-, Frisée-, Kopfsalat

FÜR DEN MINZ-JOGHURT:

3 Stängel Minze
150 g Joghurt (1,5 % Fett)
2 EL Zitronensaft
1 gestr. TL Harissa (afrikanische Gewürzpaste)
Salz, gem. Pfeffer
1 Prise Zucker

PRO PORTION:

E: 25 g, F: 9 g, Kh: 55 g, kcal: 414

1. Die Kichererbsen kurz mit kaltem Wasser abspülen und gut abtropfen lassen.

2. Die Radieschen putzen, abspülen, abtropfen lassen und in dünne Scheiben schneiden.

3. Die Zucchini abspülen, abtrocknen und die Enden abschneiden. Zucchini auf der Haushaltsreibe grob raspeln.

4. Blattsalat putzen, waschen und abtropfen lassen oder trocken schleudern. Blattsalat in mundgerechte Stücke zupfen.

5. Blattsalat mit Kichererbsen, Radieschenscheiben und Zucchiniraspeln in eine Salatschüssel geben und vermischen.

6. Für den Minz-Joghurt-Dip Minze abspülen, trocken tupfen und die Blättchen von den Stängeln zupfen. Blättchen in Streifen schneiden.

7. Den Joghurt mit 1 Esslöffel Minzestreifen, Zitronensaft und Harissa verrühren. Den Dip mit Salz, Pfeffer und Zucker abschmecken.

8. Die Salatzutaten mit dem Minz-Dip vermischen oder separat dazureichen.

TIPP:

Radieschen gibt es vorwiegend in den wärmeren Monaten. In der kälteren Jahreszeit nehmen Sie statt Radieschen 200 g Cocktailtomaten. Tomaten abspülen, abtrocknen, je nach Größe halbieren oder vierteln und die Stängelansätze herausschneiden. Harissa ist eine Gewürzpaste aus roten Chilischoten. Sie schmeckt feurig-scharf – setzen Sie sie deshalb vorsichtig ein. Lassen Sie den Blattsalat unbedingt sehr gut abtropfen oder schleudern Sie ihn sehr gut trocken, damit die anderen Gemüsezutaten nicht verwässern.

BEILAGE:

Dazu schmeckt frisches Fladenbrot.

KOHLRABI-KRÄUTER-FRITTATA MIT LANDSCHINKEN

Zubereitungszeit: 15 Minuten

ZUTATEN FÜR 2 PORTIONEN

800 g Kohlrabi
100 ml Gemüsebrühe
4 Eier (Größe S)
60 g Frischkäse (0,2 % Fett)
4 EL fein gehackte Kräuter (frisch oder TK, z. B. Kerbel, Bärlauch oder Basilikum)
Salz
gem. Pfeffer
100 g magerer Landschinken in Würfeln (aus dem Kühlregal)
2 EL abgetropfter Gemüsemais (aus der Dose)
evtl. 2 Tomaten
einige Kräuterblättchen

PRO PORTION:

E: 34 g, F: 11 g, Kh: 15 g, kcal: 296

1. Kohlrabi putzen, schälen, abspülen, abtropfen lassen und in etwa 1 x 3 cm feine Stifte schneiden. Brühe in einer Pfanne zum Kochen bringen. Die Kohlrabistifte hinzugeben und zugedeckt etwa 3 Minuten bei mittlerer Hitze dünsten. Dann den Deckel abnehmen und die Brühe bei starker Hitze einkochen lassen.

2. In der Zwischenzeit Eier mit Frischkäse und Kräutern verschlagen, mit etwas Salz und Pfeffer würzen.

3. Schinkenwürfel und Mais zu den Kohlrabistiften in die Pfanne geben. Die Temperatur reduzieren und die verschlagenen Eier hinzugießen. Frittata zugedeckt bei schwacher Hitze 3–5 Minuten stocken lassen.

4. Nach Belieben Tomaten abspülen, abtrocknen, vierteln und die Stängelansätze herausschneiden. Tomatenviertel entkernen und anschließend in Spalten schneiden.

5. Kohlrabi-Kräuter-Frittata mit Tomatenspalten und abgespülten, trocken getupften Kräuterblättchen garnieren.

REZEPTVARIANTE:

Die Frittata (2 Portionen) lässt sich auch sehr gut mit 600 g vorbereiteten Brokkoliröschen oder 600 g TK-Gemüsemischung (z. B. Farmer-Gemüse) zubereiten.

KOHLRABI-MÖHREN-GEMÜSE MIT GRIESSNOCKEN

- Zubereitungszeit: 30 Minuten, ohne Abkühlzeit
  Garzeit Nocken: 10 Minuten
  Garzeit Gemüse: 8 Minuten
- + Vegetarisch

ZUTATEN FÜR 2 PORTIONEN:

FÜR DIE SESAM-GRIESSNOCKEN:

5 g geschälte Sesamsamen
100 ml Gemüsebrühe
15 g Butter oder Margarine
60 g Dinkelgrieß
1 Ei (Größe M)
Salz

FÜR DAS GEMÜSE:

1 Kohlrabi (etwa 300 g)
300 g Möhren
1 Bund Frühlingszwiebeln (etwa 150 g)
1 TL Speiseöl (5 g)
100 ml Gemüsebrühe
½ Bund Koriander
gem. Pfeffer
ger. Muskatnuss
1–2 TL Zitronensaft

PRO PORTION:

E: 13,0 g, F: 13,3 g, Kh: 37,2 g, kcal: 325

1. Für die Grießnocken Sesam in einer Pfanne ohne Fett unter Rühren goldbraun rösten, herausnehmen, auf einem Teller erkalten lassen.

2. Brühe und Butter oder Margarine in einem Topf zum Kochen bringen. Grieß unter Rühren einstreuen. Solange mit einem Kochlöffel weiterrühren, bis sich die Masse als Kloß vom Topfboden löst. Die Grießmasse in eine Rührschüssel geben. Zuerst Sesam, dann das Ei unterrühren. Die Grießmasse mit Salz würzen und etwas abkühlen lassen.

3. Für das Gemüse Kohlrabi und Möhren putzen, schälen, abspülen, abtropfen lassen und in dünne, etwa 4 cm lange Stifte schneiden. Frühlingszwiebeln putzen, abspülen, abtropfen lassen und schräg in 2 cm lange Stücke schneiden.

4. In einem breiten Topf etwa 2 ½ Liter Wasser zum Kochen bringen. 1–2 Teelöffel Salz hinzufügen. Von der Grießmasse mit zwei kalt abgespülten Esslöffeln 12 Nocken abstechen und in das siedende Wasser (Wasser darf sich nur leicht bewegen) geben. Nocken etwa 10 Minuten ohne Deckel gar ziehen lassen.

5. Speiseöl in einem Topf erhitzen. Kohlrabi- und Möhrenstifte darin andünsten. Brühe hinzugießen und zum Kochen bringen. Das Gemüse etwa 8 Minuten bei schwacher Hitze dünsten.

6. In der Zwischenzeit Koriander abspülen und trocken tupfen. Die Blättchen von den Stängeln zupfen, einige Blättchen beiseitelegen.

7. Frühlingszwiebelstücke zu dem Gemüse in den Topf geben und etwa 3 Minuten bei schwacher Hitze mitgaren. Das Gemüse mit Salz, Pfeffer, Muskat und Zitronensaft würzen. Zwei Drittel der Korianderblättchen unterheben. Das Gemüse auf einer Platte anrichten.

8. Die Nocken mit einer Schaumkelle aus dem Salzwasser nehmen, abtropfen lassen und auf dem Gemüse verteilen. Mit restlichen Korianderblättchen bestreuen.

KOHLRABISALAT „ASIA“

- Zubereitungszeit: 20 Minuten, ohne Abkühlzeit
  Garzeit: 8–12 Minuten
- Vegetarisch

ZUTATEN FÜR 2 PORTIONEN

1 kleine Zwiebel
10 g frischer Ingwer oder
etwa ½ TL gem. Ingwer
2 Kohlrabi (etwa 650 g)
1 kleines Bund Frühlingszwiebeln (etwa 150 g)
1 EL Sonnenblumenöl
100 ml Gemüsebrühe
Salz
gem. Pfeffer
1–2 TL Zitronensaft
evtl. ½ TL süßer Senf

PRO PORTION:

E: 5 g, F: 6 g, Kh: 15 g, kcal: 134

1. Die Zwiebel abziehen, den Ingwer schälen und beides fein würfeln. Den Kohlrabi schälen, abspülen, abtropfen lassen, zuerst in Scheiben und anschließend in schmale Stifte schneiden.

2. Frühlingszwiebeln putzen, abspülen, abtropfen lassen und schräg in feine Scheiben schneiden.

3. Sonnenblumenöl in einem Topf erhitzen. Zwiebel- und Ingwerwürfel bzw. gemahlenen Ingwer darin bei mittlerer Hitze unter Rühren in etwa 2 Minuten andünsten. Kohlrabistifte hinzufügen und etwa 1 Minute mitdünsten lassen. Die Brühe mit etwas Salz hinzufügen. Die Zutaten zum Kochen bringen und zugedeckt 8–12 Minuten bei schwacher Hitze garen, bis die Kohlrabistifte noch etwas bissfest sind. Dabei gelegentlich umrühren.

4. Die Frühlingszwiebelscheiben unter die Kohlrabistifte rühren. Den Salat mit Salz, Pfeffer, Zitronensaft und nach Belieben mit dem Senf abschmecken.

5. Den Kohlrabisalat abkühlen lassen, nochmals mit den Gewürzen abschmecken und auf Tellern anrichten.

TIPP:

Den Salat mit Sonnenblumenkernen bestreuen. Dafür 2 Esslöffel Sonnenblumenkerne in einer kleinen Pfanne ohne Fett unter Rühren goldbraun rösten und auf einem Teller abkühlen lassen.

KRABBEN-DILL-TOAST „FISCHERFRÜHSTÜCK“

Zubereitungszeit: 15 Minuten

ZUTATEN FÜR 4 PORTIONEN

6 Eier (Größe M)
6 EL Milch (3,5 % Fett)
Salz
gem. Pfeffer
1 EL Butter
4 Scheiben Vollkorn-Toast
250 g frisches Nordseekrabbenfleisch
1 TL klein geschnittene Dillspitzen

PRO PORTION:

E: 24 g, F: 14 g, Kh: 11 g, kcal: 268

1. Eier mit Milch verschlagen, mit Salz und Pfeffer würzen. Die Butter in einer beschichteten Pfanne zerlassen.

2. Eiermilch hinzugeben und die Masse bei schwacher Hitze stocken lassen. Wenn die Masse zu stocken beginnt, diese mit einem Holzlöffel vorsichtig durchrühren.

3. Toastbrotscheiben toasten. Zuerst das Rührei, dann das Krabbenfleisch auf die Toastbrotscheiben geben. Mit Pfeffer und Dill bestreuen.

REZEPTVARIANTE:

Brot mit Krabbensalat und Champignons (8 Scheiben): Dafür 150 g Champignons putzen, mit Küchenpapier abreiben, evtl. kurz abspülen, trocken tupfen und halbieren. 1 Esslöffel Olivenöl in einer Pfanne erhitzen. Die Champignonscheiben darin unter mehrmaligem Wenden anbraten. Mit Salz und frisch gemahlenem Pfeffer bestreuen, weitere etwa 2 Minuten braten. Champignonscheiben erkalten lassen. 200 g Krabbensalat (aus dem Kühlregal) in eine Schüssel geben. Die Hälfte der Champignonscheiben und 1 Teelöffel abgetropfte Kapern unterrühren. Dann mit 1–2 TL Zitronensaft, Salz und Cayennepfeffer abschmecken. 8 Scheiben Stangenweißbrot oder Baguette (1 ½–2 cm dick) dünn mit 1 Esslöffel Olivenöl bestreichen und in einer beschichteten Pfanne von einer Seite goldbraun rösten. Brotscheiben herausnehmen und etwas abkühlen lassen. Etwas Petersilie oder Basilikum abspülen und trocken tupfen. Die Blättchen von den Stängeln zupfen. Blättchen grob zerschneiden. Den Krabbensalat auf den Brotscheiben (geröstete Seite oben) verteilen. Mit den restlichen Champignonscheiben und Petersilie oder Basilikum garnieren.

KÜRBIS-WEDGES AUS DEM OFEN

- Zubereitungszeit: 10 Minuten
  Backzeit: etwa 20 Minuten
- \+ Vegetarisch

ZUTATEN FÜR 4 PORTIONEN

800 g Hokkaido-Kürbis
4 Knoblauchzehen
1 rote Peperoni
2 Stängel Rosmarin
6 EL Olivenöl
Salz
gem. Pfeffer
50 g Walnusskernhälften
1 Bio-Zitrone (unbehandelt, ungewachst)
400 g Joghurt (3,5 % Fett)

PRO PORTION:

E: 8 g, F: 28 g, Kh: 13 g, kcal: 347

1. Den Backofen vorheizen.
Ober-/Unterhitze: etwa 200 °C
Heißluft: etwa 180 °C

2. Den Kürbis putzen, gut abspülen, abtrocknen und halbieren. Die Kerne mit einem Löffel entfernen. Die Kürbishälften in etwa 1 cm dicke Spalten schneiden.

3. Knoblauchzehen abziehen, auf ein Küchenbrett legen und mit der flachen Hand etwas anschlagen, sodass sie aufplatzen (erspart das Schneiden). Die Peperoni abspülen, abtrocknen und entstielen. Peperoni in dünne Ringe schneiden. Rosmarin abspülen, trocken tupfen und die Nadeln von den Stängeln zupfen, Nadeln grob zerschneiden.

4. Eine große flache Auflaufform oder ein tiefes Backblech mit 2 EL Olivenöl ausstreichen. Kürbisspalten darin verteilen. Knoblauch, Peperoniringe, Rosmarin, restliches Olivenöl, Salz und Pfeffer hinzugeben und alles mit den Kürbisspalten gut vermischen. Die Spalten flach ausbreiten. Das Backblech in den vorgeheizten Backofen schieben. Die Kürbis-Wedges **etwa 20 Minuten backen,** eventuell gelegentlich vorsichtig wenden.

5. In der Zwischenzeit für den Dip die Walnusskernhälften in einer Pfanne ohne Fett unter Rühren rösten, bis sie zu duften beginnen. Walnusskerne herausnehmen, kurz abkühlen lassen und grob hacken.

6. Die Zitrone heiß abwaschen, abtrocknen und die Schale abreiben. Zitrone halbieren und den Saft auspressen. Den Joghurt mit Zitronensaft, -schale, Salz und Pfeffer abschmecken und mit den Walnusskernen verrühren. Kürbis-Wedges mit dem Joghurt-Dip anrichten.

TIPPS:

Der feine Eigengeschmack des Kürbis verträgt eine mutige Würzung: Variieren Sie die Kürbis-Wedges nach Belieben durch die Zugabe von 2–3 Teelöffeln zerstoßenem Sternanis oder durch Zugabe von 2 Esslöffeln Currypulver.
Wedges passen auch prima zu gegrilltem oder kurz gebratenem Hähnchen- oder Schweinefilet, Rindersteak, Lammkotelett, geschmortem Kasseler oder gebratenen Knoblauch-Scampi.

REZEPTVARIANTE:

Richten Sie die Wedges mit einem indischen **Linsen-Dal** an: Dazu je 1 Zwiebel und Knoblauchzehe und 1 kleines Stück frischen Ingwer schälen und fein würfeln. In 2 EL Öl andünsten. 200 g feine geschälte gelbe oder rote Linsen zugeben. Mit ca. 375 ml Gemüsebrühe (Instant) und 75 g Sahne ca. 7–10 Minuten garen. Linsen-Dal mit Salz und Pfeffer abschmecken.

LABSKAUS „AUF DIE SCHNELLE ART"

Zubereitungszeit: 30 Minuten

ZUTATEN FÜR 3 PORTIONEN

340 g Corned Beef (aus der Dose)
1 große Zwiebel
3 EL Butter
1 Beutel Kartoffelpüreepulver (für 500 ml Wasser)
Salz
gem. Pfeffer
3 Eier (Größe M)
185 g abgetropfte Rote Bete (aus dem Glas)
185 g abgetropfte Cornichons (aus dem Glas)
6 Rollmöpse

PRO PORTION:

E: 54 g, F: 44 g, Kh: 30 g, kcal: 734

1. Corned Beef grob würfeln. Die Zwiebel abziehen und klein würfeln. 2 Esslöffel von der Butter in einer Pfanne zerlassen. Corned-Beef- und Zwiebelwürfel darin bei schwacher Hitze etwa 10 Minuten leicht braten.

2. In der Zwischenzeit das Kartoffelpüree nach Packungsanleitung mit Wasser zubereiten.

3. Corned-Beef- und Zwiebelwürfel kräftig mit Salz und Pfeffer würzen und unter das Kartoffelpüree mischen.

4. Restliche Butter in der Pfanne zerlassen. Die Eier vorsichtig aufschlagen und nebeneinander in das Fett gleiten lassen. Spiegeleier mit etwas Salz würzen. Das Püree auf 3 Tellern verteilen und je 1 Spiegelei daraufsetzen. Rote Bete, Cornichons und je 2 Rollmöpse dazureichen.

REZEPTVARIANTE:

Wenn mehr Zeit ist, können Sie das **Kartoffelpüree** auch **selber zubereiten**. Dann für 4 Portionen 1 kg mehligkochende Kartoffeln schälen, abspülen, abtropfen lassen und in Stücke schneiden. Die Kartoffelstücke in einen großen Topf geben und so viel Wasser hinzugießen, dass die Kartoffeln knapp bedeckt sind. Die Kartoffelstücke zugedeckt zum Kochen bringen, 1 gestr. TL Salz hinzufügen und die Kartoffeln in 15–20 Minuten gar kochen. Die Kartoffeln abgießen und sofort in einer Kartoffelpresse oder mit einem Stampfer (im Topf) zerdrücken. 250 ml Milch (1,5 % Fett) in einem zweiten, kleinen Topf erhitzen. Die heiße Milch nach und nach mit einem Schneebesen oder Kochlöffel unter die Kartoffelmasse rühren (je nach Beschaffenheit der Kartoffeln kann die Milchmenge etwas variieren). Das Püree mit einem Schneebesen rühren, bis eine lockere, einheitliche Masse entstanden ist. Zuletzt 50 g Butter unterrühren und das Püree mit wenig Salz und geriebenem Muskat abschmecken.

LACHS-GURKENROLLS MIT DILL

Zubereitungszeit: 30 Minuten

ZUTATEN FÜR 4 PORTIONEN

8 Scheiben frisches Toastbrot (Sandwich XL)
½ Salatgurke
Salz
1 Avocado
Saft von 1 Limette
gem. Pfeffer
4 Stängel Dill
200 g Kräuterfrischkäse
8 große Scheiben gebeizter Lachs (etwa 200 g)

Holzstäbchen

PRO PORTION:

E: 23 g, F: 33 g, Kh: 36 g, kcal: 547

1. Das Toastbrot entrinden und die Scheiben mit einer Teigrolle dünn ausrollen.

2. Die Gurke abspülen, abtrocknen, das Ende abschneiden. Gurke längs in möglichst dünne Scheiben schneiden (mit einem Gemüsehobel oder der Aufschnittmaschine). Gurkenscheiben mit etwas Salz bestreuen.

3. Avocado halbieren und den Stein entfernen. Das Fruchtfleisch mit einem Löffel aus der Schale heben, in Spalten schneiden und sofort mit Limettensaft beträufeln. Mit Salz und Pfeffer würzen. Dill abspülen, trocken tupfen und die Spitzen von den Stängeln zupfen.

4. Den Kräuterfrischkäse dünn auf den Toastbrotscheiben verstreichen. Die Lachsscheiben darauf verteilen. Die Avocadospalten in die Mitte der Brotscheiben legen und mit einigen Dillspitzen belegen.

5. Die belegten Brotscheiben fest aufrollen und mit Holzstäbchen fixieren.

6. Die Rolls aufschneiden, auf einer Platte anrichten und mit den restlichen Dillspitzen garnieren.

TIPPS:

Lachs-Gurkenrolls als kleinen Snack oder zum Aperitif servieren. Im italienischen Supermarkt gibt es spezielles, bereits entrindetes XXL-Weißbrot (Tramezzini) zu kaufen.

LAMMBURGER VOM GRILL

Zubereitungszeit: 15 Minuten, ohne Ruhezeit
Grillzeit: 5–7 Minuten

ZUTATEN FÜR 4 PORTIONEN

1 kg Lammhackfleisch
1 Zwiebel
2 Knoblauchzehen
1 TL Sambal Oelek
2 gestr. EL Salz
½ EL geschroteter Pfeffer

400 g Krautsalat (aus dem Kühlregal)
1 Römersalatherz
4 Hamburger Brötchen XXL (je etwa 75 g)

1 geh. TL Zaziki
4 TL gut abgetropfte, schwarze oder grüne Olivenringe

PRO PORTION:

E: 53 g, F: 40 g, Kh: 55 g, kcal: 827

1. Lammhackfleisch in eine Rührschüssel geben. Zwiebel abziehen und in sehr kleine Würfel schneiden. Knoblauch abziehen und durch eine Knoblauchpresse drücken.

2. Zwiebelwürfel, Knoblauch, Sambal Oelek, Salz und Pfeffer zur Hackfleischmasse geben und gut unterarbeiten.

3. Aus der Hackfleischmasse mit angefeuchteten Händen 4 Burger von 2–3 cm Höhe formen. Die Bratlinge zugedeckt im Kühlschrank etwa 1 Stunde ruhen lassen.

4. Die Bratlinge 15–20 Minuten vor dem Grillen herausholen – so behalten die Burger besser ihre Form.

5. In der Zwischenzeit den Krautsalat in einem Sieb gut abtropfen lassen. Römersalatherz längs halbieren und den Strunk keilförmig herausschneiden. Salat abspülen, trocken tupfen und in schmale Streifen schneiden.

6. Die Bratlinge auf den Grillrost (gefettet) des heißen Grills legen und von beiden Seiten insgesamt 5–7 Minuten grillen.

7. Die Brötchen waagerecht durchschneiden und kurz vor Ende der Grillzeit mit auf den heißen Grillrost legen und von beiden Seiten toasten.

8. Die unteren Brötchenhälften mit Zaziki bestreichen und die Salatstreifen darauf verteilen. Dann die gegrillten Bratlinge darauflegen und zuletzt den Krautsalat und die Olivenringe daraufschichten. Die oberen Brötchenhälften darauflegen und sofort servieren.

TIPPS:

Wann ist das Fleisch gar? Drückt man einmal mit dem Finger oder mit der Grillzange kurz auf das Fleisch und es gibt nach, ist es noch roh. Wenn es zurückfedert, geht es schon in Richtung „medium“ oder rosa. Wenn es sich gummiartig anfühlt, ist es durch.

LAMMPFANNE MIT AUBERGINEN

Zubereitungszeit: 30 Minuten
+ Laktosefrei

ZUTATEN FÜR 2–3 PORTIONEN

480 g Lammrückenfilet
2 Auberginen (etwa 400 g)
1 Bund glatte Petersilie
3 Knoblauchzehen
2 EL Speiseöl, z. B. Olivenöl
220 g abgetropfte Kichererbsen (aus der Dose)
Salz, gem. Pfeffer
ger. Muskatnuss
300 ml Gemüsebrühe oder -fond

PRO PORTION:

E: 48 g, F: 17 g, Kh: 20 g, kcal: 430

1. Lammrücken mit Küchenpapier abtupfen und in Würfel oder Streifen schneiden.

2. Auberginen abspülen, abtrocknen und die Stängelansätze entfernen. Auberginen zunächst längs vierteln, dann in etwa 1 cm dicke Scheiben schneiden.

3. Petersilie abspülen und trocken tupfen. Die Blättchen von den Stängeln zupfen. Die Blättchen klein schneiden, 1–2 Teelöffel davon zum Garnieren beiseitelegen. Knoblauch abziehen und in kleine Würfel schneiden.

4. Das Speiseöl in einer großen Pfanne erhitzen. Die Fleischwürfel oder -streifen darin von allen Seiten anbraten. Die Auberginenscheiben hinzugeben und etwa 5 Minuten mitbraten.

5. Kichererbsen, Petersilie und die Knoblauchwürfel hinzufügen. Das Ganze mit Salz, Pfeffer und Muskat kräftig würzen.

6. Brühe oder Fond hinzugießen, zum Kochen bringen und in 3–6 Minuten um etwa drei Viertel einkochen lassen.

7. Die Lammpfanne mit beiseitegelegter Petersilie bestreuen und servieren.

LAMMRÜCKEN „ASIATISCH“

Zubereitungszeit: 30 Minuten

ZUTATEN FÜR 4 PORTIONEN

500 g Lammrücken ohne Knochen
1 Sternanis
2 TL Szechuan-Pfeffer
3 getrocknete Chilischoten oder
½ TL Chiliflocken
1 TL Koriandersamen
2 TL Speisestärke
2 Knoblauchzehen
100 g Zwiebeln
400 g Zucchini
300 g Auberginen
250 g Tomaten
10 EL Sojaöl
Salz

PRO PORTION:

E: 27 g, F: 44 g, Kh: 11 g, kcal: 542

1. Lammfleisch mit Küchenpapier abtupfen und in dünne Scheiben schneiden. Sternanis, Szechuan-Pfeffer, Chili und Koriander in einem Mörser zerstoßen. Die Gewürzmischung mit den Fleischscheiben vermengen. Die Speisestärke ebenfalls untermischen.

2. Knoblauch und Zwiebeln abziehen, in kleine Würfel schneiden. Zucchini und Auberginen abspülen, abtrocknen und die Enden bzw. Stängelansätze entfernen. Zucchini und Auberginen in etwa 1 cm große Würfel schneiden. Die Tomaten abspülen, trocken tupfen, halbieren und die Stängelansätze herausschneiden. Tomaten in kleine Stücke schneiden.

3. Etwa 4 Esslöffel des Sojaöls in einem Wok erhitzen. Die Fleischscheiben darin unter Wenden anbraten und herausnehmen. Nach und nach restliches Sojaöl hinzufügen. Zuerst die Zwiebel- und Knoblauchwürfel, dann die Auberginenwürfel darin unter Rühren kurz anbraten. Zucchiniwürfel hinzufügen und mitbraten lassen.

4. Die Tomatenwürfel kurz unterrühren. Die Fleischscheiben ebenfalls untermischen und nochmals kurz erhitzen. Mit Salz abschmecken und sofort servieren.

TIPPS:

Besonders dekorativ sieht es aus, wenn Sie einige gebratene Lammscheiben zum Servieren auf Spieße stecken (Foto). Lamm ist in der Küche ähnlich einsetzbar wie Rindfleisch und der Lammrücken ist das zarteste Lammfleisch. Szechuan-Pfeffer, auch Chinesischer oder Japanischer Pfeffer genannt, ist in der asiatischen Küche weit verbreitet. Er hat einen scharfen Geschmack mit leichtem Zitronenaroma.

LEBER MIT ZWIEBELN

● Zubereitungszeit: etwa 20 Minuten
+ Laktosefrei

ZUTATEN FÜR 2–3 PORTIONEN

5 Zwiebeln
4 Scheiben Leber, etwa ½ cm dick (je 100–120 g)
20 g Weizenmehl
etwa 50 g Margarine oder 3 EL Speiseöl,
z. B. Sonnenblumen- oder Rapsöl
Salz
gem. Pfeffer
gerebelter Majoran
einige Kerbelblättchen

PRO PORTION:

E: 23 g, F: 13 g, Kh: 9 g, kcal: 246

1. Zwiebeln abziehen, zunächst in dünne Scheiben schneiden, dann in Ringe teilen. Leber mit Küchenpapier abtupfen und in Mehl wenden. Nicht anhaftendes Mehl leicht abschütteln.

2. Die Hälfte von dem Fett in einer Pfanne erhitzen. Leberscheiben portionsweise darin von jeder Seite 2–3 Minuten braten. Leber nach dem Braten mit Salz, Pfeffer und Majoran würzen, auf einer vorgewärmten Platte anrichten, warm stellen.

3. Restliches Fett in dem verbliebenen Bratfett erhitzen. Zwiebelringe hineingeben, unter Rühren bei mittlerer Hitze etwa 2 Minuten bräunen. Zwiebelringe mit Salz und Pfeffer würzen, zu der Leber servieren. Mit einigen abgespülten, trocken getupften Kerbelblättchen garnieren.

TIPP:

Sie können das Gericht mit Schweine-, Rinder- oder Kalbsleber zubereiten. Die Lebersorten unterscheiden sich in Geschmack und Beschaffenheit. Kalbsleber ist zarter und milder im Geschmack als Schweineleber und hat die kürzeste Garzeit. Rinderleber ist am kräftigsten im Geschmack und von etwas festerer Konsistenz. Die Garzeit der Leber richtet sich auch nach der Dicke der Scheiben. Leber sollte auf keinen Fall bei zu starker Hitze gebraten werden, da sie sonst schnell hart und trocken wird.

BEILAGE:

Dazu Kartoffelpüree und Apfelmus reichen.

LEBERKÄSE-PFANNE MIT GURKEN

Zubereitungszeit: 20 Minuten

ZUTATEN FÜR 4 PORTIONEN

4 Scheiben Leberkäse (je etwa 125 g)
2 rote Zwiebeln (etwa 320 g)
2 Schmorgurken oder Salatgurken (etwa 500 g)
½ Bund glatte Petersilie
2 EL Speiseöl
Salz
gem. Pfeffer

PRO PORTION:

E: 23 g, F: 33 g, Kh: 6 g, kcal: 414

1. Die Leberkäsescheiben halbieren und in etwa fingerdicke Streifen schneiden. Zwiebeln abziehen, halbieren und in Spalten schneiden.

2. Gurken schälen, längs halbieren und die Kerne mit einem Löffel herausschaben. Die Gurkenhälften in etwa 1 cm dicke Scheiben schneiden.

3. Petersilie abspülen und trocken tupfen. Blättchen von den Stängeln zupfen. Blättchen grob zerkleinern.

4. Speiseöl in einer großen Pfanne erhitzen. Zunächst die Zwiebelspalten darin anbraten. Dann die Gurkenscheiben hinzugeben und kurz unter Rühren mitbraten. Zuletzt die Leberkäsestreifen in die Pfanne geben und unter Wenden ebenfalls kurz mitbraten lassen.

5. Die Schmorpfanne mit etwas Salz und Pfeffer würzen. Petersilie unterheben.

TIPP:

Eine ganz besondere Würze und eine leichte Schärfe bekommt die Schmorpfanne, wenn Sie sie vor dem Servieren mit frisch geriebenem Meerrettich bestreuen.

BEILAGE:

Servieren Sie nach Belieben dazu Laugengebäck, z. B. Brezeln.

LINSEN-APFEL-SALAT

- Zubereitungszeit: 20 Minuten, ohne Abkühl- und Durchziehzeit
- + Vegan

ZUTATEN FÜR 4 PORTIONEN

50 g Belugalinsen
50 g rote Linsen
50 g gelbe Linsen
600 ml ungesalzene Gemüsebrühe
1–2 Möhren (etwa 100 g)
etwa 100 g Knollensellerie
1 Zwiebel (etwa 100 g)
2 EL Traubenkern- oder Olivenöl
Salz
gem. Pfeffer
2 Äpfel, süßsauer, z. B. Cox Orange
1 kleines Bund glatte Petersilie

FÜR DIE MARINADE:

4 EL weißer Balsamico-Essig oder Apfelessig
abgeriebene Schale und Saft von 1 Bio-Zitrone
1 Prise Vollrohrzucker oder 1 EL Agavendicksaft
4 EL Apfelsaft
2 EL Traubenkern- oder Olivenöl

PRO PORTION:

E: 11 g, F: 11 g, Kh: 35 g, kcal: 286

1. Die Linsen mit der Gemüsebrühe in einem Topf nach Packungsanleitung gar kochen. Die gegarten Linsen in einem Sieb abtropfen und erkalten lassen.

2. Möhren und Sellerie putzen, schälen, abspülen, abtropfen lassen und jeweils in kleine Würfel schneiden. Zwiebel abziehen und ebenfalls klein würfeln.

3. Traubenkern- oder Olivenöl in einer Pfanne erhitzen. Die Zwiebelwürfel darin andünsten, Möhren- und Selleriewürfel hinzugeben und 3–4 Minuten mitdünsten lassen. Mit Salz und Pfeffer würzen. Gemüsewürfel erkalten lassen.

4. Äpfel schälen, vierteln, entkernen und in erbsengroße Würfel schneiden. Petersilie abspülen und trocken tupfen. Die Blättchen von den Stängeln zupfen, Blättchen klein schneiden.

5. Apfelwürfel und Petersilie in eine Schüssel geben. Linsen und die Gemüsewürfel hinzugeben und untermischen.

6. Für die Marinade Essig mit Zitronenschale, -saft, Salz, Pfeffer, Rohrzucker oder Agavendicksaft und Apfelsaft verrühren, Traubenkern- oder Olivenöl unterschlagen. Die Marinade über den Linsensalat geben und vorsichtig unterheben. Den Salat etwa 30 Minuten durchziehen lassen. Vor dem Servieren nochmals mit den Gewürzen abschmecken.

LINSENCREMESUPPE MIT ZIEGENKÄSENOCKEN

- Zubereitungszeit: 25 Minuten
  Garzeit: etwa 13 Minuten
- + Vegetarisch

ZUTATEN FÜR 4 PORTIONEN

FÜR DIE SUPPE:

1 mittelgroße Zwiebel
1 Knoblauchzehe
3 EL Olivenöl
400 g TK-Suppengemüse
175 g rote Linsen
1 l heiße Gemüsebrühe
200 g passierte Tomaten (aus der Dose)
1 Lorbeerblatt
Salz, gem. Pfeffer
75 g abgetropfte getrocknete Tomaten in Öl
4–5 Stängel Basilikum
200 g Schlagsahne

FÜR DIE NOCKEN:

200 g Ziegenfrischkäse

ZUM BETRÄUFELN:

etwa 4 EL milder dunkler Balsamico-Essig

PRO PORTION:

E: 21 g, F: 39 g, Kh: 43 g, kcal: 609

1. Für die Suppe Zwiebel und Knoblauch abziehen, grob würfeln. Olivenöl in einem Topf erhitzen, Zwiebel- und Knoblauchwürfel darin andünsten.

2. Gefrorenes Suppengemüse und Linsen zur Zwiebel-Knoblauch-Mischung geben. Brühe hinzugießen, zum Kochen bringen und etwa 8 Minuten unter gelegentlichem Rühren kochen lassen.

3. Passierte Tomaten unterrühren. Lorbeerblatt hinzugeben. Die Suppe mit Salz und Pfeffer würzen, wieder zum Kochen bringen und etwa 5 Minuten bei mittlerer Hitze kochen lassen, bis die Linsen leicht zerfallen.

4. In der Zwischenzeit Tomaten in Streifen schneiden. Einige Tomatenstreifen zum Garnieren beiseitelegen. Basilikum abspülen und trocken tupfen. Die Blättchen von den Stängeln zupfen. Blättchen klein schneiden.

5. Das Lorbeerblatt entfernen. Die Suppe pürieren, evtl. durch ein Sieb streichen. Sahne hinzugießen, nochmals unter Rühren kurz aufkochen. Die Suppe mit Salz und Pfeffer abschmecken.

6. Die Linsencremesuppe in tiefen Tellern oder Suppentassen verteilen. Mithilfe von 2 Teelöffeln Nocken aus dem Ziegenfrischkäse formen und jeweils 1 Nocke in die Suppe geben. Je 1 Esslöffel Balsamico-Essig daraufträufeln. Die Suppe mit Tomaten- und Basilikumstreifen garnieren und sofort servieren.

MAISFLADEN

Zubereitungszeit: etwa 20 Minuten
+ Vegetarisch

ZUTATEN FÜR 4 PORTIONEN

1 große Zwiebel
1 TL Butter
400 g Maismehl
2 Eier (Größe M)
2 Eiweiß (Größe M)
200 ml Milch (1,5 % Fett)
150 g Joghurt (1,5 % Fett)
Salz
gem. Pfeffer
5–6 EL Speiseöl (z. B. Olivenöl)

PRO PORTION:

E: 17 g, F: 23 g, Kh: 72 g, kcal: 562

1. Zwiebel abziehen und fein würfeln. Butter in einer Pfanne zerlassen und die Zwiebelwürfel darin glasig dünsten.

2. Inzwischen Maismehl mit Eiern, Eiweiß, Milch und Joghurt in einer Rührschüssel mit einem Schneebesen zu einem glatten Teig verrühren. Den Teig mit Salz und Pfeffer würzen. Zwiebelwürfel unterrühren.

3. Das Speiseöl esslöffelweise in einer Pfanne erhitzen. Nach und nach aus dem Teig bei mittelgroßer Hitze je Seite in 3–4 Minuten etwa 16 kleine Fladen (Ø je etwa 8 cm) ausbacken. Fladen auf Küchenpapier legen und evtl. warm stellen oder sofort genießen.

TIPP:

Die Maisfladen schmecken warm und kalt. Dazu passt Kräuterquark oder Joghurt mit frischer Minze. Für selbstgemachten **Kräuterquark** (6 Portionen) 500 g Magerquark mit 150 g Crème fraîche und je 2 Teelöffeln gehacktem Kerbel, Petersilie und Dill sowie 2 Teelöffeln Schnittlauchröllchen verrühren. Mit Salz, Pfeffer und ½ Teelöffel gemahlenem Kümmel verrühren.

MAISSUPPE MIT BRÄTKLÖSSCHEN

Zubereitungszeit: 25 Minuten
Garzeit: etwa 10 Minuten

ZUTATEN FÜR 4 PORTIONEN

400 g frische, feine rohe Bratwurst
1 EL Butter
2 große Frühlingszwiebeln
2 große Knoblauchzehen
570 g abgetropfter Gemüsemais (aus der Dose)
Salz, gem. Pfeffer
nach Belieben Paprikapulver rosenscharf
oder Cayennepfeffer
750 ml Gemüsebrühe (Instant)
250 ml Milch (3,5 % Fett)
1 große Fleischtomate
100 g Schlagsahne

PRO PORTION:

E: 22 g, F: 44 g, Kh: 30 g, kcal: 609

1. Brät in kleinen Stückchen aus den Hüllen drücken und zu Klößchen formen. Butter in einem Suppentopf erhitzen. Brätklößchen darin unter Wenden rundum braun braten. Inzwischen Frühlingszwiebeln putzen, abspülen, abtropfen lassen und in feine Scheiben schneiden. Frühlingszwiebeln zu den Brätklößchen geben und ganz kurz mit anbraten. Alles auf einen Teller geben und warm halten.

2. In der Zwischenzeit Knoblauch abziehen und in Scheiben schneiden. Knoblauch im verbliebenen Bratfett andünsten. Mais zugeben. Mit Salz, Pfeffer, Paprika oder Cayennepfeffer würzen. Brühe und Milch angießen. Alles zugedeckt etwa 10 Minuten schwach köcheln lassen.

3. Inzwischen die Tomate abspülen, abtrocknen und den Stängelansatz herausschneiden. Tomate nach Belieben entkernen und fein würfeln.

4. Evtl. 4 Esslöffel Gemüsemais aus dem Fond nehmen. Übrige Zutaten im Gemüsefond fein pürieren, evtl. durch ein Sieb passieren. Die Suppe nochmals aufkochen und mit Sahne verfeinern und abschmecken. Suppe mit übrigem Mais, Brätklößchen und Tomatenwürfeln anrichten.

TIPP:

Die Suppe lässt sich perfekt 1–2 Tage im Voraus zubereiten. Portionsweise in der Mikrowelle oder bei schwacher Hitze unter Rühren dann nur noch kurz erhitzen.

REZEPTVARIANTE:

Auch **vegetarisch** ohne Bratwurstklößchen ist die Suppe sehr lecker, cremig und sättigend. Dazu evtl. Knoblauchbaguette (gibt es fertig zum Aufbacken im Kühlregal) servieren.

MANGO-GURKEN-SALAT MIT ERDNÜSSEN

Zubereitungszeit: 30 Minuten

ZUTATEN FÜR 4 PORTIONEN

½ rote Chilischote
2 Knoblauchzehen
6 EL Limettensaft
3 EL brauner Zucker
1 EL Ketjap Manis (indonesische Sojasauce)
2 EL Fischsauce
1–2 Mangos (etwa 500 g, möglichst festes Fruchtfleisch)
450 g Salatgurke
2 Sternfrüchte (Karambole)
75 g geröstete, gesalzene Erdnüsse
8 Stängel Koriander

PRO PORTION

E: 7 g, F: 11 g, Kh: 30 g, kcal: 248

1. Chilischotenhälfte evtl. entstielen und evtl. entkernen, abspülen, abtropfen lassen und in feine Ringe schneiden. Knoblauch abziehen und fein hacken. Den Limettensaft mit Zucker, Ketjap Manis und Fischsauce verrühren, Chili und Knoblauch unterrühren.

2. Die Mangos halbieren. Das Fruchtfleisch vom Stein schneiden und schälen. Gurke schälen und die Enden abschneiden. Gurke längs halbieren und die Kerne herausschaben. Sternfrüchte abspülen und trocken tupfen. Dann Gurke, Mango und Sternfrüchte in feine Streifen schneiden.

3. Die Erdnüsse grob hacken. Koriander abspülen, trocken tupfen und die Blättchen von den Stängeln zupfen. Die Blättchen grob hacken.

4. Die Gurken-, Mango- und Sternfrüchtestreifen mit der Sauce mischen. Den Salat mit den Erdnusskernen und dem Koriander bestreut servieren.

MAULTASCHENSUPPE

Zubereitungszeit: 20 Minuten

ZUTATEN FÜR 4 PORTIONEN

FÜR DIE SUPPE:

3 mittelgroße Tomaten
3–4 Stängel frischer Thymian
400 ml Fischfond (aus dem Glas)
200 g Lauch
20 g Butter oder Margarine
1 Lorbeerblatt
600 ml heiße Gemüsebrühe
gem. Pfeffer, Salz

FÜR DIE EINLAGE:

4–8 Maultaschen (aus dem Kühlregal, z. B. mit Lachs- oder Fleischfüllung; 300–600 g)
3 EL Schnittlauchröllchen

PRO PORTION:

E: 12 g, F: 15 g, Kh: 34 g, kcal: 319

1. Für die Suppe die Tomaten kreuzweise einschneiden und mit kochendem Wasser übergießen. Nach 1–2 Minuten herausnehmen und mit kaltem Wasser abschrecken. Tomaten häuten und die Stängelansätze herausschneiden. Tomaten vierteln und entkernen. Tomatenkerne und -flüssigkeit auffangen, beiseitestellen. Die Tomatenviertel in Würfel schneiden und ebenfalls beiseitestellen. Thymian abspülen und trocken tupfen.

2. Tomatenkerne und -flüssigkeit, 2 Stängel Thymian und Fischfond in einen Topf geben. Die Zutaten zum Kochen bringen und etwa 5 Minuten bei schwacher Hitze ziehen lassen.

3. In der Zwischenzeit den Lauch putzen, die Stange längs halbieren, gründlich waschen, abtropfen lassen und in etwa ½ cm große Streifen schneiden.

4. Butter oder Margarine in einem Topf zerlassen. Lauchstreifen, restlichen Thymian und Lorbeerblatt hinzugeben und andünsten. Tomaten-Fischfond durch ein Sieb hinzugießen. Brühe ebenfalls hinzugießen und aufkochen lassen, mit Pfeffer würzen.

5. Für die Einlage Maultaschen in die Suppe geben und bei schwacher Hitze etwa 8 Minuten ziehen lassen. Die Suppe darf nicht mehr kochen.

6. Beiseitegestellte Tomatenwürfel in die Suppe geben und kurz miterhitzen. Die Suppe mit Salz und Pfeffer abschmecken, Lorbeerblatt entfernen.

7. Maultaschensuppe in tiefe Teller geben und mit Schnittlauchröllchen bestreut servieren.

MEERRETTICH-PASTINAKEN-SUPPE MIT SCHINKEN-CHIPS

Zubereitungszeit: 30 Minuten , ohne Abkühlzeit

ZUTATEN FÜR 2 PORTIONEN

2 TL Sonnenblumenöl
4 Scheiben magerer geräucherter Schinken (etwa 50 g), z. B. Schwarzwälder-Schinken
2 Zwiebeln
400 g Pastinaken
200 g mehligkochende Kartoffeln
6 Stängel frischer Thymian
Salz
gem. Pfeffer
600 ml Gemüsebrühe
100 g Sahne zum Kochen (7 % Fett)
1 kleines Stück frischer Meerrettich (ersatzweise etwa 3 EL Meerrettich aus dem Glas)

PRO PORTION:

E: 12 g, F: 11 g, Kh: 37 g, kcal: 302

1. Sonnenblumenöl in einem Topf erhitzen. Die Schinkenscheiben hineinlegen und bei mittlerer Hitze von beiden Seiten kross braten, herausnehmen, auf Küchenpapier abtropfen und erkalten lassen.

2. In der Zwischenzeit die Zwiebeln abziehen und in kleine Würfel schneiden. Pastinaken putzen, schälen, abspülen und abtropfen lassen. Kartoffeln schälen, abspülen, abtropfen lassen. Pastinaken und Kartoffeln in etwa gleich große Stücke (etwa 2 cm) schneiden. Thymian abspülen und trocken tupfen.

3. Die Zwiebelwürfel in dem Topf im verbliebenen Bratfett braun anbraten. Dann Pastinaken- und Kartoffelstücke hinzugeben. Die Zutaten mit etwas Salz, Pfeffer und 2 Stängeln Thymian würzen. Brühe hinzugießen und zugedeckt zum Kochen bringen. Die Suppe zugedeckt bei schwacher Hitze 10–12 Minuten kochen lassen.

4. Thymianstängel aus der Suppe entfernen. Die Zutaten in der Brühe vorsichtig mit einem Pürierstab fein pürieren. Sahne hinzugießen und nochmals kurz unter Rühren aufkochen lassen. Die Suppe mit Salz und Pfeffer abschmecken.

5. Von dem restlichen Thymian die Blättchen abzupfen. Meerrettich schälen und grob raspeln. Die Schinkenscheiben grob zerbröseln. Die Suppe mit Thymianblättchen, Schinken und Meerrettich anrichten.

MELONEN-HÄHNCHEN-PFANNE

Zubereitungszeit: 30 Minuten

ZUTATEN FÜR 4 PORTIONEN

400 g Hähnchenbrustfilet
1 EL Currypulver
1 EL helle Sojasauce
1 EL Speisestärke
1 rote Zwiebel
400 g Champignons
1 Cantaloup-, Ogen- oder Honigmelone
8 EL Sojaöl
100 g roher Schinken in Scheiben
½ Bund Schnittlauch, Salz

PRO PORTION:

E: 34 g, F: 23 g, Kh: 17 g, kcal: 412

1. Hähnchenbrustfilet mit Küchenpapier abtupfen. Das Filet in dünne Streifen schneiden, mit Curry, Sojasauce und Speisestärke vermischen.

2. Zwiebel abziehen und in kleine Würfel schneiden. Champignons putzen, evtl. kurz abspülen und trocken tupfen. Champignons in Scheiben schneiden. Melone halbieren und entkernen. Die Melone achteln und die Schale abschneiden. Von dem Melonen-Fruchtfleisch 400 g abwiegen und in etwa 2 cm große Würfel schneiden.

3. Sojaöl in einem Wok erhitzen. Die Fleischstreifen darin von allen Seiten anbraten. Zwiebelwürfel und Champignonscheiben hinzufügen, etwa 5 Minuten unter Rühren braten.

4. In der Zwischenzeit Schinkenscheiben in Streifen schneiden. Schnittlauch abspülen und trocken tupfen. Einige Halme zum Garnieren beiseitelegen. Restlichen Schnittlauch in Röllchen schneiden.

5. Die Schinkenstreifen und Melonenwürfel zu der Fleisch-Champignon-Mischung in den Wok geben, vorsichtig unterrühren und kurz erhitzen. Melonen-Hähnchen-Pfanne mit Salz abschmecken, Schnittlauchröllchen unterheben. Mit den beiseitegelegten Schnittlauchhalmen garniert servieren.

BEILAGE:

Dazu Reis- oder Glasnudeln reichen.

MISOSUPPE MIT ZUCKERSCHOTEN

Zubereitungszeit: 25 Minuten

ZUTATEN FÜR 2 PORTIONEN

4 Frühlingszwiebeln
100 g Zuckerschoten
600 ml Hühnerbrühe
2 TL Miso (chinesische Würzpaste, erhältlich im Asialaden)
40 g Wok-Nudeln (Instant-Nudeln)
100 g abgetropfte Bambusschößlinge in Streifen (aus dem Glas)
2 TL Sesamöl
2 TL Sojasauce
1–1 ½ TL Weißweinessig
evtl. Salz
gem. Pfeffer

PRO PORTION:

E: 8 g, F: 6 g, Kh: 28 g, kcal: 201

1. Frühlingszwiebeln putzen, abspülen, abtropfen lassen und in feine Scheiben schneiden. Von den Zuckerschoten die Enden abschneiden, evtl. abfädeln. Schoten abspülen, abtropfen lassen und schräg in Stücke schneiden.

2. Die Hühnerbrühe mit Miso in einem Topf unter gelegentlichem Rühren bei starker Hitze zum Kochen bringen. Die Nudeln hinzufügen und alles zugedeckt etwa 3 Minuten bei mittlerer Hitze kochen lassen.

3. Bambusschößlinge, Frühlingszwiebelscheiben und Zuckerschotenstücke hinzufügen. Alles erneut zum Kochen bringen und zugedeckt bei schwacher bis mittlerer Hitze weitere etwa 2 Minuten garen, bis das Gemüse und die Nudeln bissfest sind. Den Topf von der Kochstelle nehmen.

4. Die Suppe mit Sesamöl, Sojasauce, Essig, evtl. Salz und Pfeffer pikant abschmecken. Die Suppe in Schälchen servieren.

TIPPS:

Nach Belieben lässt sich die Suppe mit etwas Sojasauce nachwürzen. Restliche Misopaste im Kühlschrank lagern. Die Misosuppe ist ein fester Bestandteil – vom Frühstück bis zum Abendessen – in der japanischen Esskultur und die Misopaste die Grundzutat und Basis für viele Gerichte in Japan. Misopaste wird oftmals in verschiedenen Geschmacksnuancen (mit und ohne Zusatzstoffe und Geschmacksverstärker, von süsslich-mild über herzhaft-würzig bis sehr salzig; je nach Getreidesorte und Dauer des Fermentierens) angeboten. Probieren Sie einfach die Produktpalette durch, bis Sie Ihren Favoriten gefunden haben.

REZEPTVARIANTE:

Sehr lecker schmeckt **Rührei** in der Suppe (Foto). Dafür 2 kleine Eier (Größe S) und 2 Teelöffel Milch (1,5 % Fett) mit einer Gabel verschlagen. Dann 2 Teelöffel Speiseöl in einer kleinen Pfanne erhitzen. Die Eiermilch hineingeben und zum Rührei braten. Das Rührei mit 2 Gabeln zerpflücken und in die heiße Suppe geben.

MÖHREN-TOFU-SUPPE

- Zubereitungszeit: 30 Minuten
  Garzeit: etwa 20 Minuten
- Vegetarisch

ZUTATEN FÜR 4 PORTIONEN

1 Zwiebel
600 g Möhren
2 EL Speiseöl, z. B. Sonnenblumenöl
750 ml Gemüsebrühe
2 Lorbeerblätter
1 Stange Lauch
175 g geräucherter Tofu (aus dem Kühlregal)
1 Bio-Zitrone
1–2 TL Sojasauce
1 Prise Zucker
Salz, gem. Pfeffer
1 EL TK-Petersilie

PRO PORTION:

E: 9 g, F: 9 g, Kh: 12 g, kcal: 168

1. Die Zwiebel abziehen, halbieren und in feine Würfel schneiden. Die Möhren putzen, schälen, abspülen und abtropfen lassen. 1 Möhre beiseitelegen, die restlichen Möhren in Scheiben schneiden.

2. Von dem Speiseöl 1 Esslöffel in einem Topf erhitzen. Die Zwiebelwürfel darin unter Rühren bei mittlerer Hitze in etwa 2 Minuten andünsten.

3. Die Möhrenscheiben hinzugeben und unter Rühren kurz mitdünsten. Dann die Gemüsebrühe und die Lorbeerblätter hinzugeben.

4. Die Suppe einmal aufkochen lassen und zugedeckt bei mittlerer Hitze etwa 15 Minuten köcheln lassen, bis die Möhrenscheiben weich sind.

5. In der Zwischenzeit den Lauch putzen, die Stange längs halbieren, gründlich waschen und abtropfen lassen. Den Lauch in schmale Streifen schneiden. Die beiseitegelegte Möhre in kleine Würfel schneiden.

6. Den Tofu in mundgerechte Würfel schneiden. Das restliche Speiseöl in einer großen Pfanne erhitzen. Lauchstreifen, Möhren- und Tofuwürfel darin von allen Seiten unter gelegentlichem Rühren bei mittlerer Hitze in 5–6 Minuten anbraten. Das Gemüse beiseitestellen.

7. Die Zitrone heiß abwaschen und abtrocknen. Die Hälfte der Schale abreiben. Zitrone halbieren und von einer Hälfte den Saft auspressen.

8. Die Lorbeerblätter aus der Suppe nehmen. Die Zitronenschale in die Suppe einrühren. Die Suppe mit den Möhrenscheiben mit einem Pürierstab pürieren und nochmals kurz aufkochen lassen.

9. Das restliche Gemüse mit den Tofuwürfeln in die Suppe geben und noch etwa 3 Minuten bei schwacher Hitze darin gar ziehen lassen. Die Suppe mit 1 ½–2 Esslöffeln Zitronensaft, der Sojasauce, dem Zucker, Salz und Pfeffer abschmecken. Zuletzt die Petersilie unter die Tofu-Möhren-Suppe rühren und sofort servieren.

TIPPS:

Die Zitronenschale können Sie durch 1 Teelöffel geriebene Zitronenschale aus dem Päckchen (Fertigprodukt) ersetzen. Der geräucherte Tofu in Kombination mit Zitronensaft, Sojasauce und Zucker gibt der Suppe ein feines, säuerlich-rauchiges Aroma. Sie können die Suppe jedoch auch mit Tofu natur zubereiten.

BEILAGE:

Dazu schmeckt dünn geschnittenes Fladenbrot.

MÖHREN-GURKEN-PFANNE

◔ Zubereitungszeit: 20 Minuten
+ Vegetarisch

ZUTATEN FÜR 4 PORTIONEN

1 kg Möhren
1 Salatgurke
2 Stangen Lauch
20 g frischer Ingwer
1 Bund glatte Petersilie
50 g Sonnenblumenkerne
6 EL Sojaöl
200 ml Gemüsebrühe
1 TL Speisestärke
1 EL kaltes Wasser
1 EL brauner Zucker
Salz
2 EL helle Sojasauce

PRO PORTION:

E: 9 g, F: 23 g, Kh: 20 g, kcal: 328

1. Die Möhren putzen, schälen, abspülen, abtropfen lassen und in dünne Scheiben schneiden. Gurke abspülen, abtrocknen und die Enden abschneiden. Die Gurke längs vierteln, entkernen und in kleine dreieckige Stücke schneiden.

2. Lauch putzen, die Stangen längs halbieren, gründlich waschen und abtropfen lassen. Lauch in etwa 1 cm breite Streifen schneiden. Ingwer schälen und in feine Würfel schneiden. Petersilie abspülen und trocken tupfen. Die Blättchen von den Stängeln zupfen.

3. Die Sonnenblumenkerne in einem Wok ohne Fett unter Rühren goldbraun rösten und anschließend herausnehmen.

4. Das Sojaöl in dem Wok erhitzen. Die Möhrenscheiben darin etwa 2 Minuten unter Rühren anbraten. Die Gurkenstücke und Ingwerwürfel hinzugeben und weitere etwa 2 Minuten braten. Lauchstreifen unterheben. Gemüsebrühe hinzugießen und alles kurz aufkochen lassen.

5. Speisestärke mit kaltem Wasser anrühren und unter die Möhren-Gurken-Pfanne rühren. Die Möhren-Gurken-Pfanne mit Zucker, Salz und Sojasauce abschmecken, anrichten und mit Sonnenblumenkernen und Petersilienblättchen bestreut servieren.

BEILAGE:

Dazu eine Wildreismischung servieren.

MÖHREN MIT PARMASCHINKEN

- Zubereitungszeit: etwa 25 Minuten, ohne Marinierzeit
  Garzeit: 4–5 Minuten
- + Laktosefrei

ZUTATEN FÜR 12 STÜCK (2 PORTIONEN)

12 junge Möhren mit Grün
Salzwasser (1 gestr. TL Salz auf 1 l Wasser)
1 EL Balsamico-Essig
1 Prise Zucker
Salz
gem. Pfeffer
3 EL Olivenöl
6 Scheiben Parmaschinken

ZUM GARNIEREN:

1–2 Zweige Rosmarin

PRO STÜCK:

E: 2 g, F: 2 g, Kh: 2 g, kcal: 32

1. Möhren putzen und nach Belieben schälen, dabei jeweils etwas von dem Stiel stehen lassen. Möhren abspülen und abtropfen lassen.

2. Das Salzwasser in dem Topf zum Kochen bringen, die Möhren hinzugeben und in 4–5 Minuten bissfest garen. Dann die Möhren in ein Sieb geben, kurz mit kaltem Wasser abschrecken und gut abtropfen lassen. Die Möhren in eine flache Schale legen.

3. Essig mit Zucker verrühren, mit Salz und Pfeffer würzen. Das Olivenöl unterschlagen. Die Möhren mit der Marinade beträufeln und etwa 60 Minuten marinieren. Dabei die Möhren gelegentlich wenden.

4. Die Schinkenscheiben längs halbieren. Die Möhren aus der Marinade nehmen und mit je 1 Schinkenscheibe spiralförmig umwickeln.

5. Zum Garnieren Rosmarin abspülen, trocken tupfen und die Zweige kleiner zupfen oder die Rosmarinnadeln abzupfen. Die Möhren auf einer Platte anrichten, mit Rosmarin garniert servieren.

TIPPS:

Wer die Möhren etwas weicher mag, gart sie 3–5 Minuten länger. Die marinierten Möhren schmecken auch ohne Schinken sehr lecker.

BEILAGE:

Dazu schmeckt frisches oder geröstetes Baguette.

REZEPTABWANDLUNG:

Die Hälfte der Möhren durch die gleiche Menge an Petersilienwurzeln ersetzen. Die Petersilienwurzeln putzen, schälen und abspülen. Die Garzeit der bissfesten Petersilienwurzeln variiert nach Größe und Dicke zwischen 6–8 Minuten.

MÖHREN-STEAK-PFANNE, ASIATISCH

Zubereitungszeit: 20 Minuten

ZUTATEN FÜR 2 PORTIONEN

4 große Möhren (ca. 400 g; ersatzweise 300 g grobe Möhrenstifte aus der Salattheke)
4 große Frühlingszwiebeln
300 g gut abgehangenes Rumpsteak
1 EL Sojaöl
Salz
gem. Pfeffer
1–2 EL Sesamsamen
3–4 EL Sojasauce
1 Prise grob geschroteter Chili

NACH BELIEBEN:

250 g Express-Reis (1 Beutel; z. B. Basmatireis) alternativ Asia-Instant-Nudeln (Mie)

PRO PORTION:

E: 42 g, F: 16 g, Kh: 47 g, kcal: 520

1. Möhren putzen, schälen, abspülen und abtropfen lassen. Möhren in feine Stifte schneiden. Frühlingszwiebeln putzen, abspülen, abtropfen lassen und schräg in Scheiben schneiden.

2. Fleisch trocken tupfen, evtl. vorhandenen Fettrand abschneiden. Das Fleisch quer zur Faser in feine Streifen schneiden. Fleischstreifen und Sojaöl mischen, mit etwas Salz und Pfeffer würzen.

3. Eine große Pfanne oder einen Wok stark erhitzen. Die Steakstreifen darin unter Wenden kurz kräftig anbraten. Sesam darüberstreuen, kurz mitbraten. Auf einen Teller geben und die Steakstreifen kurz warm halten.

4. Möhren im verbliebenen Bratfett unter Wenden etwa 2 Minuten anbraten, mit Sojasauce und 75 ml Wasser ablöschen. Mit Chili würzen, zugedeckt 1–2 Minuten bei starker Hitze dünsten.

5. Frühlingszwiebeln und Fleisch, inklusive ausgetretenem Fleischsaft, untermischen und alles bei starker Hitze unter Wenden offen nochmals etwa 30 Sekunden kräftig braten. Steakpfanne mit Sojasauce und Pfeffer abschmecken.

6. Nach Belieben mit in der Mikrowelle erhitztem Express-Reis oder z. B. Asia-Instantnudeln (Mie-Nudeln) anrichten.

TIPP:

Mit einem schnellen Dessert, das in 10 Minuten zubereitet ist, wird daraus ein 2-Gänge-Menü. Zum Beispiel: **Karamellisierte Früchte mit Frischkäse-Kokos-Topping** (Foto, 2 Portionen). Dafür 2 Teelöffel geröstete Kokosraspel, 75 g Frischkäse und 1 Esslöffel Joghurt verrühren. Mit Puderzucker nach Geschmack süßen. 1 großen Pfirsich, Apfel oder 4 Aprikosen oder Pflaumen abspülen, trocken tupfen, halbieren, entsteinen und je nach Größe der Früchte in Spalten schneiden. 1 Teelöffel Butter in einer beschichteten Pfanne zerlassen. Fruchtspalten darin kurz anbraten. 1–2 Teelöffel flüssigen Honig darüberträufeln, kurz karamellisieren lassen. Früchte direkt aus der Pfanne auf Dessertteller verteilen, Frischkäse-Topping dazu servieren.

NUDEL-EINTOPF MIT CHILI

● Zubereitungszeit: 30 Minuten
+ Vegan

ZUTATEN FÜR 4 PORTIONEN

300 g TK-Dicke Bohnen
350 g vegane Muschelnudeln
900 ml Gemüsebrühe
2 Lorbeerblätter
2–3 kleine getrocknete Chilischoten
500 g Fenchelknollen
1 Bund Frühlingszwiebeln
2 Fleischtomaten (etwa 300 g)

PRO PORTION:

E: 21 g, F: 2 g, Kh: 81 g, kcal: 462

1. Wasser in einem Topf zugedeckt zum Kochen bringen. Etwas Salz und die Bohnen hinzufügen. Die Bohnen in dem Salzwasser 4–5 Minuten ohne Deckel garen. Anschließend die Bohnen in einem Sieb kurz mit kaltem Wasser abspülen und abtropfen lassen.

2. Für die Nudeln Wasser in einem großen Topf zugedeckt zum Kochen bringen. Dann Salz und Nudeln hinzugeben. Die Nudeln im geöffneten Topf bei mittlerer Hitze nach Packungsanleitung bissfest kochen, dabei gelegentlich umrühren.

3. In der Zwischenzeit Brühe in einem weiteren großen Topf zum Kochen bringen. Lorbeerblätter und Chilischoten hinzugeben. Vom Fenchel das zarte Grün abschneiden und beiseitelegen. Fenchelknollen putzen, abspülen, abtropfen lassen, halbieren und jeweils den harten Stielansatz herausschneiden. Fenchel in feine Streifen schneiden und in der Brühe zunächst etwa 4 Minuten garen.

4. Frühlingszwiebeln putzen, abspülen, abtropfen lassen und in feine Scheiben schneiden. Frühlingszwiebelscheiben und die Bohnen in die Brühe geben, mit dem Fenchel darin etwa 5 Minuten garen. Anschließend die Brühe mit Salz nochmals kräftig abschmecken.

5. Die gegarten Nudeln in ein Sieb geben, mit heißem Wasser abspülen und abtropfen lassen.

6. Die Fleischtomaten abspülen, abtrocknen und vierteln. Stängelansätz und Kerne herausschneiden. Das Fruchtfleisch nach Belieben von den Schalen schneiden und anschließend klein schneiden.

7. Die Tomatenstücke und Nudeln in den Eintopf geben. Die Zutaten nochmals 2–3 Minuten erhitzen. Beiseitegelegtes Fenchelgrün abspülen, trocken tupfen und fein schneiden.

8. Den Chili-Nudel-Eintopf vor dem Servieren nochmals mit den Gewürzen abschmecken, mit Fenchelgrün bestreuen und servieren.

NUDELN MIT FENCHELSALAMI

Zubereitungszeit: 30 Minuten

ZUTATEN FÜR 4 PORTIONEN

2 Knoblauchzehen
2 Schalotten
700 g Fenchelknollen
1 Stängel Rosmarin
(ersatzweise 1 TL getrockneter Rosmarin)
1 Bio-Zitrone (unbehandelt, ungewachst)
120 g feine Scheiben Finocchiona
(Fenchelsalami aus der Toskana)
2 EL Butter
1 TL Zucker
Salz
gem. Pfeffer
200 g Schlagsahne
350 g Fettuccine (schmale Bandnudeln)
etwa 40 g Parmesan, am Stück

PRO PORTION:

E: 24 g, F: 37 g, Kh: 71 g, kcal: 736,

1. Knoblauch und Schalotten abziehen und fein würfeln. Vom Fenchel das zarte Grün abschneiden und beiseitelegen. Fenchelknollen putzen, abspülen, abtropfen lassen, halbieren und jeweils den harten Stielansatz herausschneiden. Fenchel in feine Streifen schneiden.

2. Rosmarin abspülen, trocken tupfen und die Nadeln vom Stängel zupfen. Nadeln fein hacken. Zitrone heiß abwaschen, abtrocknen und etwas Schale fein abreiben. Die Zitrone halbieren und den Saft auspressen.

3. Eine große, beschichtete Pfanne nicht zu stark erhitzen. Die Salamischeiben darin unter mehrmaligem Wenden knusprig rösten, anschließend auf Küchenpapier abtropfen lassen.

4. Anschließend die Butter in der Pfanne zerlassen. Knoblauch und Schalottenwürfel darin glasig dünsten. Fenchel zugeben und unter Wenden andünsten. Rosmarin, Zucker, Zitronenschale und -saft hinzugeben, mit Salz und Pfeffer würzen. Den Fenchel unter gelegentlichem Wenden bei schwacher Hitze zugedeckt etwa 5 Minuten schmoren. Dann die Sahne dazugießen und offen leicht sämig einkochen lassen.

5. Inzwischen Wasser in einem großen Topf zugedeckt zum Kochen bringen. Dann Salz und Nudeln zugeben. Die Nudeln im geöffneten Topf bei mittlerer Hitze nach Packungsanleitung bissfest kochen, dabei gelegentlich umrühren. Anschließend die Nudeln in ein Sieb geben, mit heißem Wasser abspülen und abtropfen lassen.

6. Die Nudeln unter das Fenchelgemüse mischen, mit Salz und Pfeffer abschmecken. Nudeln und Fenchel mit knusprigen Salamischeiben und frisch gehobeltem Parmesan anrichten. Das beiseitegelegte Fenchelgrün abspülen, trocken tupfen und fein schneiden. Die Nudeln damit garnieren.

NUDELN MIT SPARGEL UND LACHSFORELLE

Zubereitungszeit: 30 Minuten

ZUTATEN FÜR 4 PORTIONEN

etwa 500 g frische Erbsen oder 300 g TK-Erbsen
1 Schalotte
4 EL Butter
Salz
gem. Pfeffer
Zucker
ger. Muskatnuss
400 g grüner Spargel
1 Bio-Zitrone (unbehandelt, ungewachst)
1 Bund Frühlingszwiebeln
4 l Wasser
400 g Bavette (schmale Bandnudeln)
250 g geräuchertes Lachsforellenfilet (ohne Haut)
½ Bund frische Kräuter, z. B. Dill, Petersilie, Basilikum, Kerbel

PRO PORTION:

E: 32 g, F: 26 g, Kh: 86 g, kJ: 3077, kcal: 735

1. Frische Erbsen aus den Schoten palen, abspülen und abtropfen lassen. Schalotte abziehen und sehr fein würfeln. Die Hälfte der Butter in einem Topf zerlassen. Schalottenwürfel darin glasig dünsten. Die Erbsen hinzugeben, mit etwas Salz, Pfeffer, je 1 Prise Zucker und Muskat würzen. Die Erbsen zugedeckt bei schwacher Hitze etwa 5 Minuten dünsten (TK-Erbsen direkt aus der Packung in den Topf geben und nur 3 Minuten dünsten).

2. Vom grünen Spargel das untere Drittel schälen und die unteren Enden abschneiden. Spargel abspülen, abtropfen lassen und schräg in etwa 2 cm feine Stücke schneiden. Zitrone heiß abwaschen, abtrocknen und etwas von der Schale fein abreiben. Die Zitrone halbieren und den Saft auspressen. Frühlingszwiebeln putzen, abspülen, abtropfen lassen und schräg in Scheiben schneiden.

3. Wasser in einem großen Topf zugedeckt zum Kochen bringen. Dann Salz und Nudeln zugeben. Die Nudeln im geöffneten Topf bei mittlerer Hitze nach Packungsanleitung bissfest kochen, dabei gelegentlich umrühren.

4. Inzwischen restliche Butter in einer Pfanne zerlassen. Die Spargelstücke darin unter gelegentlichem Rühren 4–6 Minuten dünsten. Anschließend mit Zitronenschale, Salz und Pfeffer würzen. Die Frühlingszwiebelscheiben zum Spargel geben und etwa 1 Minute mitdünsten lassen. Zuletzt die Erbsen untermischen.

5. Das Lachsforellenfilet in mundgerechte Stücke teilen, dabei evtl. vorhandene Gräten entfernen.

6. Die gegarten Nudeln in ein Sieb geben, dabei etwas von dem Nudelkochwasser auffangen und 5 Esslöffel abmessen. Nudeln mit heißem Wasser abspülen und abtropfen lassen.

7. Die Nudeln mit dem abgemessenen Nudelkochwasser zum Gemüse in die Pfanne geben und bei starker Hitze unter Schwenken sämig einkochen, mit Salz, Pfeffer und Zitronensaft abschmecken.

8. Die Pasta-Gemüse-Pfanne mit den Lachsforellenstückchen auf Tellern anrichten. Kräuter abspülen, trocken tupfen. Die Pasta mit den Kräutern garnieren.

OKRAS IN CURRY-TOMATEN-SAUCE

Zubereitungszeit: 30 Minuten
+ Vegan

ZUTATEN FÜR 4 PORTIONEN

75 g Schalotten
75 g Frühlingszwiebeln
650 g Strauchtomaten
½–1 rote Chilischote
2 getrocknete Curryblätter
je 2 Stängel Koriander, Thai-Basilikum und Minze
1 Bio-Limette
75 g vegane Margarine
1 TL gem. Ingwer
1 EL Currypulver, mild
¼ TL gem. Gewürznelken
1 kg frische Okraschoten
etwa 1 l Pflanzenöl
Salz

PRO PORTION:

E: 7 g, F: 20 g, Kh: 13 g, kcal: 265

1. Schalotten abziehen und in kleine Würfel schneiden. Frühlingszwiebeln putzen, abspülen, abtropfen lassen und in 1 cm breite Scheiben schneiden. Tomaten abspülen, abtrocknen, halbieren und die Stängelansätze herausschneiden. Tomaten in kleine Stücke schneiden. Chilischote abspülen, trocken tupfen, entstielen und mit den Kernen fein würfeln.

2. Curryblätter fein zerreiben. Koriander, Thai-Basilikum und Minze abspülen, trocken tupfen. Die Blättchen von den Stängeln zupfen. Die Limette heiß abwaschen, abtrocknen und in kleine Stücke schneiden.

3. Margarine in einer Pfanne zerlassen. Schalottenwürfel und Frühlingszwiebelscheiben darin bei mittlerer Hitze unter Rühren kräftig andünsten. Chili, Curryblätter, Ingwer, Curry und Nelken untermischen. Die Gewürze kurz mit anrösten. Tomatenstücke unterrühren und zum Kochen bringen. Die Curry-Tomaten-Sauce etwa 5 Minuten bei mittlerer Hitze stark kochen lassen.

4. Okraschoten putzen und die Stielansätze mit den Spitzen (Kappen) abschneiden. Okraschoten abspülen und trocken tupfen.

5. Pflanzenöl in einem hohen Topf oder in einer Fritteuse auf etwa 175 °C erhitzen. Die Okraschoten darin in 2–3 Portionen 3–4 Minuten frittieren, dabei jeweils einmal wenden. Die Okraschoten mit einer Schaumkelle herausnehmen und auf Küchenpapier abtropfen lassen.

6. Okraschoten in der heißen Curry-Tomaten-Sauce schwenken, mit Salz würzen und auf Tellern anrichten. Die Okraschoten mit den Kräuterblättchen bestreuen und den Limettenstücken servieren. Nach Belieben den Saft der Limettenstücke auf die Okraschoten träufeln.

BEILAGE:

Dazu Basmatireis reichen.

OLIVEN-THUNFISCH-PFANNE MIT RAVIOLI

Zubereitungszeit: 25 Minuten
Garzeit: 5–10 Minuten

ZUTATEN FÜR 4 PORTIONEN

4 Fleischtomaten (etwa 750 g)
80 g abgetropfte grüne Oliven ohne Stein (aus dem Glas)
500 g Ravioli Formaggio (Nudeltaschen mit Käsefüllung, aus dem Kühlregal)
260 g abgetropfter Thunfisch im eigenen Saft (aus Dosen)
2 EL Olivenöl
einige Stängel Basilikum
Salz
gem. Pfeffer

PRO PORTION:

E: 31 g, F: 21 g, Kh: 62 g, kcal: 561

1. Tomaten abspülen, abtrocknen, halbieren und die Stängelansätze herausschneiden. Tomaten in grobe Würfel schneiden. Oliven halbieren.

2. Ravioli in ein Sieb geben, mit kaltem Wasser abspülen (um ein Zusammenkleben zu verhindern) und abtropfen lassen. Den Thunfisch evtl. in etwas kleinere Stücke teilen.

3. Olivenöl in einer großen Pfanne erhitzen. Tomatenwürfel, Olivenhälften und Thunfischstücke darin unter vorsichtigem Rühren kräftig andünsten. Ravioli hinzufügen, vorsichtig unterheben. Das Ganze weitere 5–10 Minuten dünsten.

4. In der Zwischenzeit Basilikum abspülen und trocken tupfen. Die Blättchen von den Stängeln zupfen. Blättchen grob zerschneiden.

5. Die Oliven-Thunfisch-Pfanne mit Salz und Pfeffer herzhaft würzen. Basilikum unterheben. Die Oliven-Thunfisch-Pfanne mit Ravioli servieren.

OMELETTS MIT KNOBLAUCH UND SCHAFSKÄSE

Zubereitungszeit: 20 Minuten
+ Vegetarisch

ZUTATEN FÜR 2 PORTIONEN

4 Eier (Größe M)
Salz
gem. Pfeffer
1 kleines Bund Schnittknoblauch
200 g Schafskäse
40 g Butter

PRO PORTION:

E: 32 g, F: 48 g, Kh: 1 g, kcal: 558

1. Eier in einer Rührschüssel verschlagen. Mit Salz und Pfeffer würzen. Schnittknoblauch abspülen, trocken tupfen und in feine Ringe schneiden. Schafskäse in etwa 1 ½ cm große Würfel schneiden. Schnittknoblauchringe und Schafskäsewürfel unter die verschlagenen Eier rühren.

2. Die Hälfte der Butter in einer Pfanne (Ø 22–24 cm) zerlassen. Die Hälfte der Eiermasse hineingeben und zugedeckt bei schwacher Hitze 4–5 Minuten stocken lassen. Omelett vorsichtig wenden, von der zweiten Seite kurz anbraten, herausnehmen und warm stellen. Das zweite Omelett auf die gleiche Weise zubereiten.

TIPP:

Die Omeletts können auch mit einem würzigen Käse, z. B. Gruyère- oder Edelschimmel-Käse, zubereitet werden.

PANCAKES MIT BLAUBEEREN UND RICOTTA

- Zubereitungszeit: 15 Minuten
  Backzeit: etwa 15 Minuten
- Vegetarisch

ZUTATEN FÜR 4 PORTIONEN (12 STÜCK)

FÜR DIE BEILAGE:

100 g Blaubeeren (Heidelbeeren)
100 g griechischer Sahnejoghurt (10 % Fett)
1 Pck. Bourbon-Vanille-Zucker

FÜR DEN PANCAKES-TEIG:

½ TL fein abgeriebene Schale von 1 Bio-Zitrone
125 g Ricotta (ital. Frischkäse)
30 g Zucker
2 Eigelb (Größe S)
1 Prise Salz
60 g Weizenmehl
1 gestr. TL Weinstein-Backpulver
75 ml Milch (3,5 % Fett)
2 Eiweiß (Größe S)

etwa 2 EL Butter
etwas Puderzucker
150 ml Ahornsirup

PRO PORTION:

E: 10 g, F: 20 g, Kh: 52 g, kcal: 424

1. Für die Beilage Blaubeeren oder Heidelbeeren verlesen, abspülen und abtropfen lassen. Joghurt mit Vanille-Zucker in einer kleinen Schüssel verrühren.

2. Für den Teig Zitronenschale, Ricotta, 15 g Zucker, Eigelb und Salz in einer Rührschüssel glatt rühren. Mehl mit Backpulver mischen, mit der Milch kurz und sorgfältig unter die Ricottamasse rühren. Das Eiweiß mit restlichem Zucker steif schlagen und mit dem Schneebesen unter den Teig heben.

3. Einen Teelöffel Butter in einer beschichteten Pfanne zerlassen. 3 Pancakes darin backen. Dazu je Pancake 3–4 Esslöffel Teig in die Pfanne geben und etwa 4 Minuten bei schwacher bis mittlerer Hitze backen, bis der Teig etwas fest geworden ist. Blaubeeren oder Heidelbeeren darauf verteilen.

4. Die Pancakes am besten mit einer Palette wenden. Einen weiteren Teelöffel Butter hinzugeben. Die Pancakes noch 3–4 Minuten backen. Aus dem Teig insgesamt 12 Pancakes backen.

5. Die Pancakes mit Puderzucker bestäuben und mit Ahornsirup beträufeln. Den Joghurt dazureichen.

TIPPS:

Etwas leichter werden die Pancakes, wenn Sie sie statt mit Sahnejoghurt mit Magerquark servieren. Rühren Sie dafür den Magerquark mit etwas Mineralwasser glatt. Statt der Heidelbeeren können Sie auch kleine Apfelwürfel von einem säuerlichen Apfel in den Teig einbacken. Servieren Sie dann Zimtzucker oder Rübenkraut zu den Pfannkuchen. Sie können die Milch auch durch die gleiche Menge Buttermilch ersetzen.

PAPRIKASPIESSE MIT COUSCOUS

- Zubereitungszeit: 25 Minuten
  Garzeit: etwa 15 Minuten
- Vegetarisch

ZUTATEN FÜR 4 PORTIONEN

FÜR DIE PAPRIKASPIESSE:

4 Paprikaschoten
(rot, gelb und grün gemischt)
2 rote Zwiebeln

FÜR DAS COUSCOUS-GEMÜSE:

120 g Instant-Couscous
2 Tomaten
4 Frühlingszwiebeln
4 Stängel Minze
1 Bio-Limette (unbehandelt, ungewachst)
Salz
gem. Pfeffer
5 EL Olivenöl
4 Stängel Koriander

ZUSÄTZLICH:

8 Holzspieße

PRO PORTION:

E: 7 g, F: 11 g, Kh: 36 g, kcal: 270

1. Für die Spieße die Paprikaschoten halbieren, entstielen, entkernen und die weißen Scheidewände entfernen. Die Schoten abspülen, abtropfen lassen und in gleich große Stücke schneiden. Zwiebeln abziehen, vierteln und etwa in Größe der Paprikastücke schneiden.
Die Paprika- und Zwiebelstücke abwechselnd auf 8 Holzspieße stecken.

2. Den Backofen vorheizen.
Ober-/Unterhitze: etwa 180 °C
Heißluft: etwa 160 °C

3. Für das Couscous-Gemüse Couscous mit Wasser nach Packungsanleitung zubereiten. Tomaten abspülen, abtrocknen, halbieren und die Stängelansätze herausschneiden. Tomaten klein würfeln. Frühlingszwiebeln putzen, abspülen, abtropfen lassen und in feine Scheiben schneiden. Minze abspülen, trocken tupfen und die Blättchen von den Stängeln zupfen. Blättchen in feine Streifen schneiden.

4. Die Limette heiß abwaschen, abtrocknen und die Schale fein abreiben. Limette halbieren und den Saft auspressen.

5. Das vorbereitete Gemüse mit dem Couscous vermischen. Couscous mit Limettensaft, -schale, Salz und Pfeffer würzen. 3 Esslöffel Olivenöl und die Minzestreifen unterheben.

6. Das restliche Olivenöl in einer backofenfesten Pfanne erhitzen. Die Paprikaspieße darin von allen Seiten anbraten, mit Salz und Pfeffer würzen. Die Pfanne auf dem Rost in den vorgeheizten Backofen schieben. Die Spieße etwa 15 Minuten garen.

7. Koriander abspülen, trocken tupfen und die Blättchen von den Stängeln zupfen. Die Paprikaspieße mit dem Couscous anrichten und mit Korianderblättchen garnieren.

TIPPS:

Instant-Couscous hat den Vorteil, dass er nur noch in heißem Salzwasser oder in Gemüsebrühe ausquellen muss. Couscous gibt es aus Weizengrieß, er wird aber auch aus Hirse- und Gerstengrieß hergestellt.

PASTA-GRÖSTL MIT PINIENKERNEN

Zubereitungszeit: 30 Minuten
+ Vegan

ZUTATEN FÜR 4 PORTIONEN

300 g feine grüne Bohnen
Salzwasser
350 g vegane Nudeln, z. B. Castellane Parmigiane
300 g Cocktailtomaten
1 Bund glatte Petersilie
2 Zwiebeln
1 Knoblauchzehe
2 vegane Weizenbrötchen (vom Vortag)
1 getrocknete Chilischote
6 EL Olivenöl
4 EL Pinienkerne
½ TL fein abger Schale von 1 Bio-Zitrone (unbehandelt, ungewachst)
Salz
250 ml vegane Pflanzencreme zum Kochen
gem. Pfeffer

PRO PORTION:

E: 22 g, F: 35 g, Kh: 90 g, kcal: 783

1. Von den Bohnen die Enden abschneiden. Bohnen evtl. abfädeln, dann abspülen, abtropfen lassen und in mundgerechte Stücke schneiden. Die Bohnen in etwas kochendem Salzwasser zugedeckt 8–10 Minuten garen. Anschließend die Bohnen in ein Sieb geben, mit kaltem Wasser abschrecken und gut abtropfen lassen.

2. Wasser in einem großen Topf zugedeckt zum Kochen bringen. Dann Salz und Nudeln zugeben. Die Nudeln im geöffneten Topf bei mittlerer Hitze nach Packungsanleitung bissfest kochen, dabei gelegentlich umrühren.

3. Inzwischen Tomaten abspülen, abtrocknen, vierteln und evtl. die Stängelansätze herausschneiden. Petersilie abspülen, trocken tupfen und die Blättchen von den Stängeln zupfen. Blättchen klein schneiden.

4. Die gegarten Nudeln in ein Sieb geben, mit heißem Wasser abspülen und abtropfen lassen.

5. Zwiebeln und Knoblauch abziehen, beides in feine Würfel schneiden. Brötchen fein reiben oder ebenfalls sehr fein würfeln. Die Chilischote sehr fein zerbröseln.

6. Von dem Olivenöl 4 Esslöffel in einer Pfanne erhitzen. Die Brötchenwürfel und Pinienkerne darin unter Wenden knusprig rösten, mit Chili, Zitronenschale und etwas Salz würzen. Die Pinienkern-Chili-Brösel auf einen Teller geben.

7. Restliches Olivenöl in der Pfanne erhitzen. Die Zwiebel- und Knoblauchwürfel darin braun anbraten. Die Bohnen hinzugeben und unter Rühren mitbraten. Tomaten, Nudeln und Pflanzencreme untermischen.

8. Die Zutaten bei starker Hitze kurz durchschwenken und leicht sämig einkochen. Anschließend mit Salz und Pfeffer würzen, mit Petersilie bestreuen. Pasta-Gröstl anrichten und mit den Pinienkern-Chili-Bröseln bestreuen.

PENNE ALL' ARRABBIATA

- Zubereitungszeit: etwa 20 Minuten
  Garzeit: etwa 10 Minuten
- + Vegetarisch

ZUTATEN FÜR 4 PORTIONEN

4 Schalotten
2 Knoblauchzehen
2 rote Chilischoten
4 EL Olivenöl
1 TL Tomatenmark
500 ml Tomatensaft
500 g Penne (Röhrennudeln)
Salz
gem. Pfeffer
2 Stängel Basilikum
50 g ger. Parmesankäse

PRO PORTION:

E: 20 g, F: 16 g, Kh: 93 g, kcal: 612

1. Schalotten und Knoblauch abziehen und klein hacken. Die Chilischoten längs aufschneiden, entstielen, entkernen und die Scheidewände herausschneiden. Die Schoten abspülen, trocken tupfen und in sehr kleine Würfel schneiden.

2. Das Olivenöl in einem kleinen Topf erhitzen. Die Schalotten- und Knoblauchstückchen darin unter Rühren glasig dünsten.

3. Tomatenmark und Chiliwürfel kurz mit andünsten. Den Tomatensaft hinzugießen, zum Kochen bringen und auf etwa ein Drittel einkochen lassen.

4. Inzwischen für die Nudeln das Wasser in einem großen Topf zugedeckt zum Kochen bringen. Dann Salz und Nudeln zugeben. Die Nudeln im geöffneten Topf bei mittlerer Hitze nach Packungsanleitung bissfest kochen, dabei gelegentlich umrühren.

5. Anschließend die Nudeln in ein Sieb geben und gut abtropfen lassen. Nudeln warm stellen.

6. Die Sauce durch ein feines Sieb in einen großen Topf passieren (das geht am besten mit einem Löffel, einer Suppenkelle oder dem Passierstab des Mixers). Die Sauce mit Salz und Pfeffer abschmecken.

7. Basilikum abspülen, trocken tupfen und die Blättchen von den Stängeln zupfen. Die Blättchen grob schneiden.

8. Die Nudeln in die heiße Tomatensauce geben, unterrühren und auf Tellern anrichten. Penne mit Käse und Basilikumblättchen bestreut servieren.

TIPP:

Falls es keine Möglichkeit gibt, die Nudeln warm zu stellen, die Nudeln mit der Tomatensauce im großen Topf erneut bei schwacher Hitze kurz erwärmen, dabei ab und zu umrühren.

PFANNKUCHEN MIT APFELSPALTEN

Zubereitungszeit: 15 Minuten, ohne Ruhezeit
+ Vegan

ZUTATEN FÜR 2 STÜCK

FÜR DEN TEIG:

150 g Weizenmehl (Type 1050)
½ TL Natron
150 ml naturtrüber Apfelsaft
150 ml Sojamilch
1 EL Zitronensaft
1 EL Zucker
1 Msp. gem. Zimt
1 Prise Salz
2 mittelgroße säuerliche Äpfel, z. B. Boskop

ZUSÄTZLICH:

2 EL Speiseöl, z. B. Sonnenblumenöl
je 1 EL selbst gemachte Marmelade oder Konfitüre, Ahornsirup oder Dicksaft von Agave oder Birne

PRO STÜCK:

E: 12 g, F: 13 g, Kh: 97 g, kcal: 562

1. Für den Teig das Mehl mit Natron in einer Rührschüssel mischen. Den Apfelsaft und die Sojamilch mit Zitronensaft, Zucker, Zimt und Salz hinzufügen. Die Zutaten mit einem Mixer (Rührstäbe) zunächst kurz auf niedrigster, dann auf höchster Stufe in etwa 2 Minuten zu einem glatten Teig verarbeiten. Den Teig etwa 10 Minuten ruhen lassen.

2. Äpfel schälen, vierteln, entkernen und in dünne Spalten schneiden. Von dem Speiseöl 1 Esslöffel in einer großen Pfanne erhitzen. Den Teig gut durchrühren. Die Hälfte des Teiges mit einer Suppenkelle in die Pfanne geben und etwas verstreichen. Sofort mit der Hälfte der Apfelspalten belegen. Den Pfannkuchen bei mittlerer bis starker Hitze von beiden Seiten goldbraun backen. Aus dem restlichen Teig und den restlichen Apfelspalten in dem restlichen Speiseöl einen weiteren Pfannkuchen backen.

3. Pfannkuchen mit Marmelade, Konfitüre, Ahornsirup oder Dicksaft bestreichen und servieren.

TIPPS:

Bereits gebackene Pfannkuchen können im vorgeheizten Backofen bei Ober-/Unterhitze: etwa 80 °C bzw. Heißluft: etwa 60 °C warm gehalten werden. Die einzelnen Pfannkuchen mit wenig Zucker bestreuen, damit sie nicht zusammenkleben.

PIZZA-WAFFELN

- Zubereitungszeit: 20 Minuten
  Überbackzeit: etwa 10 Minuten je Backblech
- Vegetarisch

ZUTATEN FÜR 8–10 PORTIONEN

1 grüne Spitzpaprika
75 g abgetropfte getrocknete Tomaten, in Öl
200 g Schafskäse
250 g Weizenmehl
3 gestr. TL Backpulver
4 Eier (Größe M)
½ gestr. TL Salz
Paprikapulver edelsüß
300 g saure Sahne
100 g ger. Pizza-Käse

ZUM ÜBERBACKEN:

250 g abgetropfter Mozzarella
10 mittelgroße Tomaten

PRO PORTION:

E: 19 g, F: 21 g, Kh: 28 g, kcal: 376

1. Für den Teig Paprikaschote halbieren, entstielen, entkernen und die weißen Scheidewände entfernen. Schote abspülen, trocken tupfen und klein würfeln. Getrocknete Tomaten ebenfalls klein würfeln. Schafskäse zerbröseln. Mehl mit Backpulver in einer Rührschüssel mischen. Eier, Salz, Paprika und saure Sahne hinzufügen.

2. Die Zutaten mit einem Mixer (Rührstäbe) zunächst kurz auf niedrigster, dann auf höchster Stufe in etwa 2 Minuten zu einem glatten Teig verarbeiten. Pizza-Käse unterrühren. Dann Paprika-, Tomatenwürfel und Schafskäsebrösel unterheben.

3. Das Waffeleisen erhitzen und leicht fetten, dabei die Herstelleranleitung beachten.

4. Jeweils 2 Esslöffel Teig in das Waffeleisen geben und verstreichen. Die Waffeln goldbraun backen, mit einer Gabel oder einem Pfannenwender herausnehmen und einzeln auf einem Kuchenrost erkalten lassen. Auf diese Weise 10–12 Waffeln backen.

5. Den Backofen vorheizen.
Ober-/Unterhitze: etwa 200 °C
Heißluft: etwa 180 °C

6. Zum Überbacken Mozzarella waagerecht halbieren und in dünne Scheiben schneiden. Tomaten abspülen, trocken tupfen, halbieren und die Stängelansätze herausschneiden. Tomaten ebenfalls in dünne Scheiben schneiden. Die Waffeln in Herzen teilen und auf Backbleche legen. Die einzelnen Herzen mit je 1 Tomaten- und Mozzarellascheibe belegen.

7. Die Backbleche nacheinander (bei Heißluft zusammen) in den vorgeheizten Backofen schieben. Die Pizza-Waffeln **etwa 10 Minuten je Backblech überbacken.** Sofort servieren.

POLENTA-GEMÜSESUPPE MIT KASSELERSTREIFEN

Zubereitungszeit: 30 Minuten
Garzeit: etwa 13 Minuten

ZUTATEN FÜR 2 PORTIONEN

1 Knoblauchzehe
2 Zwiebeln
2 Möhren (etwa 140 g)
1 Kohlrabi (etwa 500 g)
2 TL Olivenöl
600 ml heiße Gemüsebrühe
Salz
gem. Pfeffer
2 Lorbeerblätter
30 g Instant-Polenta (Maisgrieß)
100 g Frischkäse (0,2 % Fett)
4 Scheiben magerer Kasseler-Aufschnitt (etwa 50 g)
2 EL klein geschnittene Petersilie (frisch oder TK)

PRO PORTION:

E: 18 g, F: 6 g, Kh: 28 g, kcal: 236

1. Knoblauch und Zwiebeln abziehen, in kleine Würfel schneiden. Möhren putzen, schälen, abspülen, abtropfen lassen und klein würfeln. Kohlrabi putzen, schälen und das zarte Grün beiseitelegen. Kohlrabi abspülen, abtropfen lassen und in kleine Würfel schneiden.

2. Olivenöl in einem Topf erhitzen. Knoblauch- und Zwiebelwürfel darin andünsten. Möhren- und Kohlrabiwürfel hinzugeben, unter Rühren kurz mit anbraten. Die heiße Brühe hinzugießen, mit etwas Salz, Pfeffer und den Lorbeerblättern würzen, zum Kochen bringen. Das Gemüse zugedeckt etwa 10 Minuten bei schwacher Hitze kochen lassen.

3. Polenta unter Rühren in die Suppe streuen, auf der ausgeschalteten Kochstelle weitere etwa 3 Minuten ziehen lassen. Den Frischkäse unterrühren. Die Gemüsesuppe nochmals abschmecken.

4. Beiseitegelegtes Kohlrabigrün abspülen, trocken tupfen und klein schneiden. Lorbeerblätter aus der Suppe entfernen. Kasselerscheiben in feine Streifen schneiden.

5. Die Gemüsesuppe mit Kasselerstreifen, Petersilie und Kohlrabigrün anrichten.

BEILAGE:

Dazu ofenfrisches Baguette reichen.

POP-OVERS MIT KRÄUTERN UND JOGHURT-DIP

- Zubereitungszeit: 15 Minuten, ohne Abkühlzeit
  Backzeit: etwa 25 Minuten
- Vegetarisch

ZUTATEN FÜR 12 STÜCK

ZUM VORBEREITEN:

2 Bund frische Kräuter, z. B. Petersilie, Oregano, Schnittlauch, Koriander, Basilikum, Bärlauch oder 50 g TK-Kräutermischung

FÜR DEN TEIG:

1 EL Olivenöl
2 Eier (Größe M)
½ gestr. TL Salz
2 Prisen gem. Pfeffer
275 ml Milch (3,5 % Fett)
140 g Weizenmehl
Alle Zutaten sollten zimmerwarm sein!

FÜR DEN DIP:

250 g griechischer Joghurt (10 % Fett)
Salz
gem. Pfeffer

ZUSÄTZLICH:

1 beschichtete Muffinform für 12 Muffins
Olivenöl für die Form

PRO STÜCK:

E: 4 g, F: 6 g, Kh: 11 g, kcal: 110

1. Zum Vorbereiten Kräuter abspülen und trocken tupfen. Die Blättchen von den Stängeln zupfen (etwa 50 g), Blättchen klein schneiden.

2. Den Backofen vorheizen.
Ober-/Unterhitze: etwa 220 °C
Heißluft: etwa 200 °C

3. Die Muffinform mit Olivenöl bestreichen und auf dem Rost in den Backofen schieben.

4. Für den Teig Olivenöl mit Eiern, Salz, Pfeffer und Milch in einen hohen Rührbecher geben und mit einem Schneebesen oder Pürierstab gut verrühren. Mehl in eine große Rührschüssel geben. Die Hälfte der vorbereiteten Kräuter zum Mehl geben und untermischen. Die Eier-Milch-Masse hinzugeben und mit einem Schneebesen schnell verrühren. Nur solange rühren, bis das Mehl fast klümpchenfrei ist. Den Teig wieder zurück in den Rührbecher füllen.

5. Die heiße Muffinform aus dem Backofen nehmen. Den Teig gleichmäßig in den 12 Mulden verteilen und die Form sofort wieder auf dem Rost in den vorgeheizten Backofen schieben. Popovers etwa 10 Minuten backen, dann die Backofentemperatur auf Ober-/Unterhitze: etwa 180 °C, Heißluft: etwa 160 °C herunterschalten und die Popovers in weiteren etwa 15 Minuten fertig backen.
Wichtig: Den Backofen während der Backzeit nicht öffnen, da die Popovers sonst zusammenfallen.

6. Für den Dip in der Zwischenzeit Joghurt glatt rühren, mit Salz und Pfeffer würzen. Restliche vorbereitete Kräuter unterrühren. Den Dip beiseitestellen.

7. Die Form auf einen Kuchenrost stellen. Die Popovers etwa 2 Minuten in der Form abkühlen lassen, dann aus der Form nehmen und am besten lauwarm mit dem Kräuter-Joghurt-Dip servieren.

PUTENFILET MIT AVOCADO-ZITRUSFRUCHT-SALSA

- Zubereitungszeit: 20 Minuten
  Bratzeit: etwa 5 Minuten
- + Laktosefrei

ZUTATEN FÜR 2 PORTIONEN

2 Putenschnitzel (etwa 300 g)
Salz
gem. Pfeffer
2 kleine Orangen (etwa 200 g)
4 Tomaten (etwa 350 g)
½ Avocado (etwa 150 g)
2 EL klein geschnittenes Basilikum (frisch oder TK)
2 Prisen getrocknete Chiliflocken

PRO PORTION:

E: 40 g, F: 12 g, Kh: 16 g, kcal: 334

1. Putenschnitzel mit Küchenpapier abtupfen und evtl. gleichmäßig etwas flacher klopfen. Die Schnitzel in einer beschichteten Pfanne ohne Fett bei mittlerer Hitze etwa 5 Minuten unter Wenden braten, mit Salz und Pfeffer würzen.

2. In der Zwischenzeit die Orangen so schälen, dass die weiße Haut vollständig mitentfernt wird. Die Filets zwischen den Trennhäuten herausschneiden und den Saft dabei auffangen. Aus den Trennhäuten zusätzlich den Saft ausdrücken. Die Orangenfilets in kleine Würfel schneiden. Tomaten abspülen, abtrocknen, halbieren und die Stängelansätze herausschneiden. Tomaten ebenfalls klein würfeln.

3. Avocadohälfte schälen und in feine Spalten schneiden. Orangen-, Tomatenwürfel und Basilikum vermischen. Aufgefangenen Orangensaft, etwas Salz und Chili untermischen, abschmecken.

4. Die Putenschnitzel mit der Zitrusfrucht-Salsa und den Avocadospalten anrichten.

TIPPS:

Die Orangen können auch durch Aprikosen, Pfirsiche oder Melone ausgetauscht werden.

BEILAGE:

Dazu eine Wildreis-Langkorn-Mischung servieren.

PUTENRÖLLCHEN MIT BROKKOLI-NUDELN

Zubereitungszeit: 30 Minuten

ZUTATEN FÜR 4 PORTIONEN

4 dünne Putenschnitzel (je 130 g)
Salz
gem. Pfeffer
4 EL Tomatenmark
etwa 16 vorbereitete Basilikumblättchen
1 EL Speiseöl
2 Zwiebeln
3 Lorbeerblätter
400 ml Gemüsebrühe
200 g passierte Tomaten (aus der Dose)
300 g Brokkoli
500 ml Wasser
2 gestr. TL Salz
2 l Wasser
2 gestr. TL Salz
200 g Hartweizennudeln, z. B. Spirelli

ZUSÄTZLICH:

4 Rouladennadeln oder Holzstäbchen

PRO PORTION:

E: 41 g, F: 5 g, Kh: 41 g, kcal: 379

1. Die Putenschnitzel unter fließend kaltem Wasser abspülen, trocken tupfen und mit Salz und Pfeffer bestreuen. Die Schnitzel dünn mit etwas Tomatenmark bestreichen und mit je 3 Basilikumblättchen belegen. Schnitzel von der schmalen Seite aus aufrollen und mit Rouladennadeln oder Holzstäbchen feststecken.

2. Öl in einer Pfanne erhitzen. Putenröllchen darin rundum knusprig anbraten. Zwiebeln abziehen, halbieren, fein würfeln und mit den Lorbeerblättern in die Pfanne geben. Unter Rühren kurz mit anbraten. Brühe hinzugießen. Passierte Tomaten und restliches Tomatenmark einrühren, alles etwa 6 Minuten zugedeckt köcheln lassen.

3. Den Brokkoli putzen, in Röschen teilen, abspülen und abtropfen lassen. Wasser mit Salz zum Kochen bringen. Die Brokkoliröschen darin bei mittlerer Hitze etwa 5 Minuten kochen. Dann die Brokkoliröschen abgießen und zugedeckt warm stellen.

4. In der Zwischenzeit das Wasser in einem großen Topf zugedeckt zum Kochen bringen. Dann Salz und Nudeln zugeben. Die Nudeln im geöffneten Topf bei mittlerer Hitze nach Packungsanleitung bissfest kochen, dabei gelegentlich umrühren.

5. Anschließend die Nudeln in ein Sieb geben, mit heißem Wasser abspülen und abtropfen lassen.

6. Die Nudeln mit den Brokkoliröschen mischen und evtl. warm stellen.

7. Lorbeerblätter aus der Sauce nehmen. Sauce mit Salz und Pfeffer abschmecken.

8. Die Putenröllchen mit den Brokkoli-Nudeln und der Sauce anrichten, mit den restlichen Basilikumblättchen garniert servieren.

RED-SNAPPER-FILETS MIT MANGO-PAPRIKA-SALAT

Zubereitungszeit: 25 Minuten
Bratzeit: 4–6 Minuten

ZUTATEN FÜR 4 PORTIONEN

1 reife Mango (etwa 300 g Fruchtfleisch)
2 rote Paprikaschoten (etwa 400 g)
1 walnussgroßes Stück frischer Ingwer (etwa 10 g)
Saft von ½ Limette
2 EL Fischsauce
1 EL flüssiger Honig
1–2 EL Olivenöl
2 EL süße Chilisauce
4 Red-Snapper-Filets (je etwa 150 g)
2 EL Olivenöl
Salz
gem. Pfeffer
2 Schalen Daikonkresse

PRO PORTION:

E: 33 g, F: 9 g, Kh: 20 g, kcal: 309

1. Die Mango halbieren und den Stein herauslösen. Die Mangohälften schälen und in etwa 1 cm große Würfel schneiden. Die Paprikaschoten grob schälen, halbieren, entstielen, entkernen und weiße Scheidewände entfernen. Schoten abspülen, abtropfen lassen und ebenfalls in Würfel schneiden. Den Ingwer schälen und fein reiben.

2. Mango-, Paprikawürfel und Ingwer in eine Schüssel geben. Limettensaft, Fischsauce, Honig, Olivenöl und Chilisauce untermischen.

3. Die Fischfilets kurz unter fließend kaltem Wasser abspülen und trocken tupfen. Olivenöl in einer großen Pfanne erhitzen. Die Fischfilets mit der Hautseite nach unten in die Pfanne legen und 2–3 Minuten braten, dann wenden und von der zweiten Seite nochmals 2–3 Minuten braten. Fischfilets von beiden Seiten mit Salz und Pfeffer würzen und herausnehmen.

4. Die Kresse abspülen, trocken tupfen und abschneiden. Die Blättchen evtl. etwas kleiner schneiden. Die Red-Snapper-Filets auf dem Mango-Paprika-Salat anrichten und mit Kresse bestreut servieren.

REIBEKUCHEN (KARTOFFELPUFFER)

Zubereitungszeit: etwa 20 Minuten
Garzeit: 6–8 Minuten je Reibekuchenportion

ZUTATEN FÜR 4 PORTIONEN

FÜR DIE REIBEKUCHEN:

1 kg festkochende Kartoffeln
1 Zwiebel
3 Eier (Größe M), 1 TL Salz
40 g Weizenmehl (Type 405)

100 ml Speiseöl, z. B. Sonnenblumenöl

FÜR DIE BEILAGE:

200 g Schmand
2–3 Teelöffel Sahne-Meerrettich
150 g Räucherlachs in Scheiben

PRO PORTION:

E: 11 g, F: 23 g, Kh: 38 g, kcal: 400

1. Die Kartoffeln schälen, abspülen und abtropfen lassen. Die Zwiebel abziehen. Kartoffeln und Zwiebel auf der Haushaltsreibe reiben. Die Kartoffel-Zwiebel-Masse in das Sieb geben und die Flüssigkeit mit einem Löffel ausdrücken. Die Flüssigkeit abgießen.

2. Kartoffel-Zwiebel-Masse mit Eiern, Salz und Mehl verrühren.

3. Etwas von dem Speiseöl in der Pfanne erhitzen. Den Teig portionsweise mit einem großen Löffel in die Pfanne geben. Den Teig mit einem Löffel flach drücken und bei mittlerer Hitze je 3–4 Minuten von beiden Seiten braten, bis der Rand knusprig braun ist. Die fertigen Reibekuchen aus der Pfanne nehmen und auf Küchenpapier legen.

4. Überschüssiges Fett mit Küchenpapier abtupfen. Die Reibekuchen sofort servieren oder warm stellen. Den restlichen Teig auf die gleiche Weise braten.

5. Für die Beilage Schmand mit 2–3 Teelöffeln Sahne-Meerrettich verrühren. Reibekuchen mit Räucherlachs und Meerrettichcreme servieren.

TIPPS:

Die bereits fertig gebratenen Reibekuchen im Backofen bei etwa 80 °C warm halten. Wenn die Hälfte des Mehls durch 2–3 Esslöffel Haferflocken ersetzt wird, werden die Reibekuchen noch knuspriger. Statt Räucherlachs schmeckt auch Apfelkompott oder Apfelmus zu den Reibekuchen.

REZEPTVARIANTE:

Für **Reibekuchen mit feinen Schinkenstreifen** etwa 100 g feine Schinkenstreifen mit Crème fraîche oder Schmand zu den Reibekuchen servieren.

REISGERICHT MIT MANDELN UND SAFRAN

Zubereitungszeit: 30 Minuten
Garzeit: etwa 20 MInuten
+ Vegan

ZUTATEN FÜR 4 PORTIONEN

300 g Möhren
1 Stange Lauch
2 Zwiebeln
3 EL Speiseöl
220 g Langkornreis
500 ml heiße Gemüsebrühe
125 g getrocknete Aprikosen
70 g Rosinen
100 g abgezogene ganze Mandeln
2 Döschen Safran (je 0,1 g)
gem. Kreuzkümmel (Cumin)
Salz

PRO PORTION:

E: 14 g, F: 22 g, Kh: 78 g, kcal: 576

1. Die Möhren putzen, schälen, abspülen, abtropfen lassen und in dicke Scheiben schneiden. Lauch putzen, die Stange längs halbieren, gründlich waschen, abtropfen lassen und in Streifen schneiden. Zwiebeln abziehen und in kleine Würfel schneiden.

2. Speiseöl in einer Pfanne erhitzen. Zwiebelwürfel darin andünsten. Den Reis hinzugeben, ebenfalls kurz mitdünsten lassen, heiße Brühe hinzugießen.

3. Aprikosen, Rosinen, Möhrenscheiben, Mandeln und Lauchstreifen zum Reis in die Pfanne geben, mit Safran, Kreuzkümmel und Salz würzen. Die Zutaten zum Kochen bringen und zugedeckt etwa 20 Minuten bei schwacher Hitze garen.

4. Den Mandel-Safran-Reis sofort servieren.

TIPP:

Eine frische Note bekommt der Reis, wenn Sie ihn nach dem Kochen mit etwas Zitronen- oder Limettensaft abschmecken und einige abgespülte, trocken getupfte Minzestreifen untermischen.

REIS-KOHLRABI-PUFFER MIT SCHINKENQUARK

Zubereitungszeit: 25 Minuten

ZUTATEN FÜR 2 PORTIONEN

1 kleine Zwiebel
1 kleiner Kohlrabi (etwa 150 g)
200 g gegarter abgekühlter Reis
(Rohgewicht etwa 75 g)
20 g Weizenmehl
1 Ei (Größe M)
Salz, gem. Pfeffer
1 ½ EL Speiseöl, z. B. Sonnenblumenöl

FÜR DEN SCHINKENQUARK:

125 g Speisequark (20 % Fett)
2 EL Milch
1 EL Schinkenwürfel (aus dem Kühlregal)
etwa ½ TL Paprikapulver edelsüß
oder rosenscharf

PRO PORTION:

E: 19 g, F: 16 g, Kh: 41 g, kcal: 385

1. Zwiebel abziehen und in kleine Würfel schneiden. Kohlrabi schälen, abspülen, abtropfen lassen und auf der Haushaltsreibe grob raspeln.

2. Den gegarten Reis in eine Schüssel geben. Zwiebelwürfel, Kohlrabiraspel, Mehl und Ei hinzugeben und gut vermischen. Reis-Kohlrabi-Masse mit Salz und Pfeffer kräftig würzen.

3. Das Speiseöl in einer großen Pfanne erhitzen. Jeweils 1–1 ½ gut gehäufte Esslöffel der Reismasse zu kleinen dicken Puffern darin verstreichen (insgesamt 6 Stück).

4. Die Reis-Kohlrabi-Puffer von jeder Seite bei mittlerer bis starker Hitze in etwa 4 Minuten goldbraun und knusprig braten.

5. Für den Schinkenquark den Quark mit der Milch glatt rühren. Die Schinkenwürfel unterheben, mit Salz, Pfeffer und Paprika würzen. Die Reis-Kohlrabi-Puffer mit dem Schinkenquark anrichten.

BEILAGE:

Reichen Sie dazu einen frischen grünen Salat.

REZEPTVARIANTE:

Reispuffer mit Möhre und Frühlingszwiebeln. Dafür statt Zwiebel und Kohlrabi 1 Möhre (etwa 100 g) und 1–2 dicke Frühlingszwiebeln (etwa 40 g) nehmen. Möhre putzen, schälen, abspülen, abtropfen lassen und fein raspeln. Frühlingszwiebeln putzen, abspülen, abtropfen lassen und in feine Scheiben schneiden. Das Gemüse mit Reis, Mehl, Ei und den Gewürzen vermischen und wie beschrieben 6 Puffer braten. Den Quark mit 1 Esslöffel klein geschnittenen Kräutern statt der Schinkenwürfel zubereiten und zu den Puffern genießen.

RETTICH-SCHNITTCHEN MIT GEFLÜGELWURST

Zubereitungszeit: 10 Minuten

ZUTATEN FÜR 2 PORTIONEN

300 g weißer Rettich
2 TL geröstete Sesamsamen
60 g Frischkäse (0,2 % Fett)
Salz
gem. Pfeffer
60 g fettreduzierte Geflügelwurst
4 kleine Scheiben Vollkornbrot (etwa 130 g)
2 TL Schnittlauchröllchen (frisch oder TK)

PRO PORTION:

E: 14 g, F: 8 g, Kh: 30 g, kcal: 251

1. Rettich putzen, schälen, abspülen und gut abtropfen lassen. Rettich auf einer Küchenreibe grob raspeln, mit Sesam und Frischkäse verrühren. Den Rettich-Frischkäse mit Salz und Pfeffer würzen.

2. Die Geflügelwurst in feine Streifen schneiden. Den Rettich-Frischkäse auf den Vollkornbrot-Scheiben anrichten. Die Geflügelwurststreifen darauf verteilen und mit den Schnittlauchröllchen bestreuen.

TIPP:

Rühren Sie zusätzlich 1 Teelöffel Meerrettich oder etwas Wasabi-Pulver (erhältlich im Asialaden oder in der Asia-Abteilung gut sortierter Supermärkte) unter den Rettich-Frischkäse.

RICOTTA MIT PIMIENTOS DE PADRÓN

- Zubereitungszeit: 20 Minuten
  Garzeit: etwa 10 Minuten
- Vegetarisch

ZUTATEN FÜR 4 PORTIONEN

50 g Pistazienkerne, geröstet und gesalzen
15 Basilikumblättchen
75 g ger. Parmesan
1 TL fein abger. Schale von 1 Bio-Orange (unbehandelt, ungewachst)
300 g Ricotta (ital. Frischkäse)
Salz, gem. schwarzer Pfeffer
300 g Pimientos de Padrón (Bratpeperoni)
3 EL Olivenöl
8 Salbeiblättchen
grobes Meersalz
evtl. etwas Olivenöl

PRO PORTION:

E: 15 g, F: 30 g, Kh: 7 g, kcal: 357

1. Pistazienkerne grob hacken. Basilikumblättchen abspülen, trocken tupfen und nicht zu fein schneiden. Pistazienkerne, Basilikum, Parmesan und Orangenschale zusammen mit Ricotta glatt rühren. Mit Salz und grob gemahlenem Pfeffer würzen.

2. Die Pimientos abspülen und gut abtropfen lassen. Olivenöl in einer großen Pfanne erhitzen. Die Pimientos darin etwa 10 Minuten bei mittlerer Hitze von allen Seiten braten, bis sie zusammengefallen und leicht olivfarben geworden sind. Die Salbeiblättchen abspülen, trocken tupfen und etwa 3 Minuten vor Garzeitende hinzugeben. Pimientos mit grobem Meersalz würzen.

3. Ricotta mit den Pimientos anrichten und nach Belieben mit gutem Olivenöl beträufeln.

TIPPS:

Dazu passt geröstetes Ciabatta.
„Pimientos de Padrón“ werden in Spanien auch als Tapa serviert. Ihr Name ist geprägt durch das Anbaugebiet rund um Padrón, gelegen in Galicien, südlich von Santiago de Compostela.

RINDERHÜFTE IM BAGEL

Zubereitungszeit: 25 Minuten

ZUTATEN FÜR 4 PORTIONEN

400 g Rinderhüfte
2 rote Zwiebeln
1 rote Chilischote
½ Bund Petersilie
1 Bund Rucola (Rauke)
2–3 EL Olivenöl
Salz
gem. Pfeffer
1 EL abgetropfte Kapern
2 EL süße Sojasauce
4 Bagels (Fertigprodukt)
200 g Frühlingsquark

ZUSÄTZLICH:

8 Holzspieße

PRO PORTION:

E: 29 g, F: 19 g, Kh: 46 g, kcal: 478

1. Rinderhüfte mit Küchenpapier abtupfen und in etwa ½ cm dicke Scheiben schneiden.

2. Zwiebeln abziehen, zuerst in dünne Scheiben schneiden, dann in Ringe teilen. Chilischote halbieren, entstielen und entkernen. Schote abspülen, trocken tupfen und klein würfeln. Petersilie abspülen und trocken tupfen. Die Blättchen von den Stängeln zupfen, Blättchen klein schneiden. Rucola verlesen und die dicken Stiele entfernen. Rucola abspülen und trocken tupfen.

3. Olivenöl in einem Wok erhitzen. Fleischscheiben darin portionsweise kurz von beiden Seiten braten. Mit Salz und Pfeffer würzen und aus dem Wok nehmen.

4. Zwiebelringe mit Chiliwürfeln und Kapern zum verbliebenen Bratfett in den Wok geben und anbraten, mit etwas Salz würzen. Petersilie und Sojasauce untermischen. Den Wok von der Kochstelle nehmen.

5. Die Bagels waagerecht durchschneiden und jede Hälfte mit Frühlingsquark bestreichen. Die Fleischscheiben auf den unteren Bagelhälften verteilen, Rucola und die Zwiebel-Chili-Mischung daraufgeben. Die oberen Bagelhälften jeweils daraufsetzen, mit Holzspießen feststecken.

6. Die Bagels einmal senkrecht durchschneiden, anrichten und servieren.

RINDERPFANNE MIT KIDNEY-BOHNEN UND TOMATEN

Zubereitungszeit: 30 Minuten
Bratzeit: etwa 5–10 Minuten

ZUTATEN FÜR 4 PORTIONEN

450 g TK-Rösti
2 EL Speiseöl
500 g Rindergeschnetzeltes
Salz
gem. Pfeffer
300 g abgetropfte Kidneybohnen (aus der Dose)
370 g stückige Tomaten mit Kräutern und Würze (aus dem Tetrapak)
1 TL Pfeffersaucenpulver (aus der Dose)

PRO PORTION:

E: 35 g, F: 27 g, Kh: 45 g, kcal: 567

1. Rösti im vorgeheizten Backofen nach Packungsanleitung zubereiten.

2. In der Zwischenzeit das Speiseöl in einer großen Pfanne erhitzen. Geschnetzeltes mit Salz und Pfeffer würzen und in dem erhitzten Speiseöl von allen Seiten 5–10 Minuten anbraten.

3. Kidneybohnen mit den stückigen Tomaten hinzugeben und einige Minuten bei mittlerer Hitze mitgaren lassen.

4. Das Pfeffersaucenpulver unter die Feuerpfanne rühren und unter Rühren aufkochen lassen.

5. Die Rinderpfanne zu den Rösti servieren.

REZEPTVARIANTE:

Bereiten Sie die **Rösti** selber zu (4 Stück). Dafür 1 kg festkochende Kartoffeln gründlich waschen, abtropfen lassen, in einem Topf, knapp mit Wasser bedeckt, zugedeckt zum Kochen bringen und in etwa 25 Minuten gar kochen. Die Kartoffeln abgießen, mit kaltem Wasser abspülen, abtropfen lassen, heiß pellen und erkalten lassen. Die abgekühlten Kartoffeln auf der groben Seite einer Haushaltsreibe raspeln. 1 Esslöffel Olivenöls in einer beschichteten Pfanne (Ø 16 cm) erhitzen. Jeweils ein Viertel der Kartoffelraspel in die Pfanne geben, kurz anbraten. Mit Salz und Pfeffer würzen. Die Röstimasse mit einem Pfannenwender zu einer runden Platte, einem Rösti formen, zusammendrücken und etwa 3 Minuten bei schwacher bis mittlerer Hitze weiterbraten. Rösti auf einen Teller stürzen und wieder zurück in die Pfanne gleiten lassen. Etwas Olivenöl in die Pfanne geben und den Rösti von der zweiten Seite weitere etwa 3 Minuten braten. Den fertigen Rösti auf ein Backblech legen und im vorgeheizten Backofen warm halten (Ober-/Unterhitze: etwa 80 °C). Anschließend auf die gleiche Weise 3 weitere Rösti zubereiten. Vor dem Servieren Rösti evtl. kurz unter dem Backofengrill rösten.

ROASTBEEF MIT PFEFFER UND KICHERERBSEN-DIP

Zubereitungszeit: 20 Minuten

ZUTATEN FÜR 2 PORTIONEN

FÜR DEN KICHERERBSEN-DIP:

100 g abgetropfte Kichererbsen (aus der Dose)
1 Knoblauchzehe
30 ml Gemüsebrühe
2 TL Zitronensaft
Cayennepfeffer
etwas gem. Kreuzkümmel (Cumin), gem. Gewürznelke und gem. Piment (Nelkenpfeffer)
1 TL Joghurt (1,5 % Fett)
Salz
gem. Pfeffer
240 g Roastbeef-Aufschnitt in Scheiben
grob gem. Pfeffer

FÜR DAS GEMÜSE:

1 Gemüsezwiebel (etwa 400 g)
2 TL Olivenöl
200 g Cocktailtomaten
200 g Zucker-Aprikosen
evtl. einige Stängel Thymian

PRO PORTION:

E: 45 g, F: 12 g, Kh: 29 g, kcal: 413

1. Für den Dip die Kichererbsen in ein Sieb geben, mit kaltem Wasser abspülen und abtropfen lassen. Knoblauch abziehen und grob würfeln. Kichererbsen mit Knoblauch, Brühe, Zitronensaft und den Gewürzen in einen hohen Rührbecher geben. Die Zutaten mit einem Pürierstab fein pürieren. Den Joghurt unterrühren. Den Dip mit Salz, Pfeffer und evtl. noch etwas Zitronensaft abschmecken.

2. Die Roastbeef-Scheiben auf einem Teller anrichten und mit grob gemahlenem Pfeffer bestreuen.

3. Für das Gemüse Zwiebel abziehen, halbieren, zuerst in Scheiben schneiden, dann in Ringe teilen. Olivenöl in einer Pfanne erhitzen. Zwiebelringe darin unter Wenden braun anbraten, mit Salz und Pfeffer würzen.

4. Tomaten abspülen, abtrocknen, halbieren und die Stängelansätze herausschneiden. Aprikosen abspülen, abtrocknen, halbieren und entsteinen. Die Aprikosenhälften in Spalten schneiden.

5. Die Tomatenhälften und Aprikosenspalten zu den Zwiebelringen in die Pfanne geben, mit Salz, Pfeffer und nach Belieben mit den angegebenen Gewürzen abschmecken. Das Gemüse bei mittlerer Hitze etwa 2 Minuten unter Rühren braten.

6. Das Pfeffer-Roastbeef mit dem Zwiebel-Tomaten-Gemüse und dem Kichererbsen-Dip anrichten. Nach Belieben mit abgespülten, trocken getupften Thymianstängeln garnieren.

ROSENKOHL-CHAMPIGNON-SALAT MIT CURRY

◷ Zubereitungszeit: 30 Minuten
+ Vegan

ZUTATEN FÜR 4 PORTIONEN

500 g Rosenkohl
Salzwasser
2 EL Distelöl
2 TL Currypulver
125 g Rosinen
100 ml vegane Gemüsebrühe
150 g rosé Champignons
1 Fleischtomate
4 Stängel Koriander

PRO PORTION:

E: 14 g, F: 12 g, Kh: 54 g, kcal: 388

1. Von dem Rosenkohl die äußeren Blätter entfernen und etwas vom Strunk abschneiden. Die Rosenkohlröschen halbieren, abspülen und abtropfen lassen.

2. Den Rosenkohl in kochendem Salzwasser bissfest garen. Anschließend mit kaltem Wasser abschrecken, abtropfen lassen und in eine Schüssel geben.

3. Distelöl in einem kleinen Topf erhitzen. Curry und Rosinen darin andünsten. Gemüsebrühe hinzugießen und aufkochen lassen.

4. Die Brühe auf dem Rosenkohl verteilen, gut vermischen und auf einer Platte anrichten.

5. Die Champignons putzen, evtl. kurz abspülen, gut trocken tupfen und in dünne Scheiben schneiden oder hobeln.

6. Die Tomate abspülen, vierteln, entkernen und den Stängelansatz herausschneiden. Tomate in kleine Würfel schneiden.

7. Die Champignonscheiben und Tomatenwürfel auf dem Rosenkohl verteilen. Koriander abspülen und trocken tupfen. Die Blättchen von den Stängeln zupfen.

8. Den Rosenkohl-Champignon-Salat mit Korianderblättchen garniert servieren.

TIPP:

Frischer Rosenkohl bleibt in einem Gefrierbeutel im Gemüsefach 3–4 Tage frisch. Er sollte jedoch nicht zusammen mit anderen Obst- und Gemüsesorten wie Äpfeln, Pflaumen oder Tomaten gelagert werden, da diese Ethylen absondern. Rosenkohl reagiert auf dieses Gas sehr empfindlich und seine Haltbarkeit wird wesentlich verkürzt.

RÖSTKARTOFFELN MIT GARNELEN UND GURKEN-DIP

Zubereitungszeit: 20 Minuten

ZUTATEN FÜR 2 PORTIONEN

300 g festkochende Kartoffeln
75 ml Wasser
Salz
gem. Pfeffer
1 kleines Lorbeerblatt
4 Radieschen (etwa 40 g)
1 Stück Salatgurke (etwa 150 g)
75 g Frischkäse (0,2 % Fett)
½ TL mittelscharfer Senf
1 TL Sonnenblumenöl
50 g gegarte geschälte Garnelen oder Krabben (entdarmt)
etwas Shiso-Kresse

PRO PORTION:

E: 24 g, F: 6 g, Kh: 45 g, kcal: 330

1. Kartoffeln schälen, abspülen, abtrocknen und in etwa 1 ½ cm breite Spalten schneiden. Wasser, etwas Salz, Pfeffer, Lorbeerblatt und Kartoffelspalten in eine kleine beschichtete Pfanne geben, zugedeckt zum Kochen bringen und etwa 7 Minuten bei schwacher Hitze garen.

2. In der Zwischenzeit Radieschen putzen, abspülen, abtropfen lassen und in feine Stifte schneiden. Gurke nach Belieben schälen, sonst gründlich waschen und abtrocknen. Gurke in kleine Stücke schneiden. Frischkäse mit Senf verrühren, mit Salz und Pfeffer würzen. Gurkenwürfel und Radieschenstifte untermischen, nochmals abschmecken.

3. Den Deckel von der Pfanne nehmen. Die noch vorhandene Flüssigkeit bei starker Hitze einkochen lassen.

4. Dann das Sonnenblumenöl zu den Kartoffelspalten in die Pfanne geben. Die Kartoffelspalten bei mittlerer Hitze unter vorsichtigem Wenden braun braten.

5. Garnelen oder Krabben kurz unter fließend kaltem Wasser abspülen und auf Küchenpapier abtropfen lassen.

6. Kartoffelspalten, Gemüse-Dip und Garnelen oder Krabben auf einem Teller anrichten. Nach Belieben mit etwas abgespülter, trocken getupfter Kresse bestreuen.

ROTE-BETE-APFELGRATIN

- Zubereitungszeit: 15 Minuten
  Überbackzeit: etwa 15 Minuten
- Vegetarisch

ZUTATEN FÜR 4 PORTIONEN

800 g vorgekochte Rote Bete (vakuumverpackt)
2 Äpfel (z. B. Boskop, etwa 500 g)
Salz
gem. Pfeffer
250 g Crème fraîche
2 geh. EL scharf-würziger Meerrettich (aus dem Glas)
Saft von ½ Zitrone
80 g Butter
100 g gehobelte Haselnusskerne
100 g Panko (asiatische Semmelbrösel)
2 EL klein geschnittene Petersilie

PRO PORTION:

E: 13 g, F: 53 g, KH: 53 g, kcal: 757

1. Den Backofen vorheizen.
Ober-/Unterhitze: etwa 220 °C
Heißluft: etwa 200 °C

2. Die Rote Bete in Spalten schneiden. Die Äpfel schälen, vierteln und entkernen. Apfelviertel ebenfalls in Spalten schneiden. Rote Bete und Apfelspalten in einer Schüssel vermischen. Mit Salz und Pfeffer würzen.

3. Crème fraîche mit Meerrettich und Zitronensaft verrühren, mit der Roten Bete und den Apfelspalten vermischen und in einer Auflaufform verteilen.

4. Die Butter zerlassen, Haselnusskerne, Panko und Petersilie untermischen. Mit Salz und Pfeffer würzen und auf der Rote-Bete-Apfel-Mischung verteilen.

5. Die Form auf dem Rost in den vorgeheizten Backofen schieben. Rote-Bete-Apfelgratin **etwa 15 Minuten überbacken.**

TIPPS:

Panko sind asiatische Semmelbrösel aus krustenlosen Weißbrot. Diese sind heller und luftiger. Panko bekommen Sie im Asia-Laden. Sie können stattdessen aber auch handelsübliche Semmelbrösel verwenden.
Wenn Sie Butter und Crème fraîche durch vegane Produkte ersetzen, eignet sich das Gratin auch für Veganer.

ROTE-BETE-KOHLRABI-CARPACCIO MIT JOGHURT

Zubereitung: 25 Minuten
+ Vegetarisch

ZUTATEN FÜR 2 PORTIONEN

2 gegarte Rote Bete (vakuumverpackt)
250 g Kohlrabi
1 EL Olivenöl
Salz
gem. Pfeffer
1 Bio-Limette (unbehandelt, ungewachst)
75 g Naturjoghurt (3,5 % Fett)
1 EL flüssiger Honig
2 EL Pinienkerne
2 EL frisch gehobelter Parmesan vom Stück

ZUSÄTZLICH:

1 große runde Platte

PRO PORTION:

E: 11 g, F: 15 g, Kh: 20 g, kcal: 263 g

1. Die Rote Bete in möglichst dünne Scheiben (etwa 2 mm) schneiden. Das geht am besten mit einer Aufschnittmaschine oder eincm Gemüsehobel.

2. Den Kohlrabi putzen, schälen, abspülen, abtropfen lassen und ebenfalls in dünne Scheiben schneiden. Eine große Platte dünn mit etwas Olivenöl bestreichen. Mit Salz und Pfeffer bestreuen. Rote-Bete- und Kohlrabischeiben abwechselnd dachziegelartig kreisförmig darauflegen.

3. Die Limette heiß abwaschen, abtrocknen und die Schale abreiben. Limettenschale beiseitelegen. Limette halbieren und den Saft auspressen. Den Joghurt mit Limettensaft, Salz, Pfeffer und Honig würzen.

4. Die Pinienkerne in einer Pfanne ohne Fett unter Rühren rösten, bis sie anfangen zu duften.

5. Etwas von dem Limetten-Joghurt mit einem Löffel in Schlieren auf das Gemüse-Carpaccio geben. Beiseitegelegte Limettenschale und die Pinienkerne darauf verteilen. Gehobelten Parmesan daraufstreuen. Restlichen Limetten-Joghurt dazureichen.

BEILAGE:

Dazu passt ein kleines Salatbouquet. Das lässt sich nach Belieben auch in der Mitte der Platte anrichten.

ROTE-BETE-SALAT MIT WALNUSS UND FETA

- Zubereitungszeit: 25 Minuten, ohne Abkühl- und Durchziehzeit
- + Vegetarisch

ZUTATEN FÜR 4 PORTIONEN

6 EL Olivenöl
75 g Walnusskernhälften
800 g Rote Bete, gegart (vakuumverpackt)
4 EL Zitronensaft
1 EL Kreuzkümmel (Cumin), ganz
1 TL Chiliflocken
Salz
1 kleiner Granatapfel
20 Minzeblättchen
150 g Fetakäse

PRO PORTION:

E: 12 g, F: 36 g, Kh: 24 g, kcal: 483

1. Einen Esslöffel Olivenöl in einer Pfanne erhitzen. Die Walnusskernhälften darin unter Rühren goldbraun rösten und auf einem Teller erkalten lassen. Walnusskernhälften grob hacken.

2. Rote Bete in dickere Streifen schneiden und in eine Schüssel geben. Zitronensaft, restliches Olivenöl, Kreuzkümmel und Chiliflocken untermischen, mit Salz würzen. Rote Bete etwa 20 Minuten durchziehen lassen.

3. Granatapfel aufbrechen, die Kerne herauslösen und von den hellen Häuten trennen. Minzeblättchen abspülen, trocken tupfen und grob zerschneiden. Fetakäse grob zerbröseln.

4. Den Rote-Bete-Salat mit Walnusskernen, Fetabröseln, Granatapfel und Minze bestreuen und servieren.

BEILAGE:

Dazu passt geröstetes Fladenbrot.

RÜHREI MIT GAMBAS UND KORIANDER

Zubereitungszeit: 15 Minuten

ZUTATEN FÜR 2 PORTIONEN

5 Gambas (ohne Kopf und Schale) oder TK-Gambas
1 EL frische Korianderblättchen
5 Eier (Größe M)
4 EL Schlagsahne oder Crème fraîche
Salz
gem. Pfeffer
30 g Butter
einige Korianderblättchen

PRO PORTION:

E: 31 g, F: 40 g, Kh: 3 g, kcal: 494

1. Die Gambas kurz unter fließend kaltem Wasser abspülen und in einem Sieb gut abtropfen lassen. Gambas halbieren und entdarmen (TK-Gambas nach Packungsanleitung auftauen lassen, abspülen und gut abtropfen lassen).

2. Korianderblättchen abspülen, trocken tupfen und klein schneiden. Eier mit Sahne oder Crème fraîche und Koriander in eine Schüssel geben und mit einem Schneebesen verschlagen. Kräftig mit Salz und Pfeffer würzen. Gambas hinzugeben.

3. Die Butter in einer Pfanne zerlassen. Eiersahne-Gambas-Mischung bei mittlerer Hitze unter gelegentlichem Rühren braten, bis die Masse zu stocken beginnt. Rührei auf Tellern mit abgespülten und trocken getupften Korianderblättchen anrichten.

TIPP:

Rührei mit warmen Brötchen servieren.

REZEPTVARIANTE:

Champignon-Rührei mit Lachs (2 Portionen): 200 g Champignons putzen, mit Küchenpapier abreiben, evtl. abspülen, abtropfen lassen und in Scheiben schneiden. 75 g Räucherlachs in Streifen schneiden. 2 Eier (Größe M) mit 3 Esslöffeln Mineralwasser verschlagen, mit Salz und Pfeffer würzen. Etwas Butter in einer kleinen Pfanne zerlassen. Champignons darin kurz anbraten. Verschlagene Eier unter Rühren hinzufügen und stocken lassen. 2 Vollkornbrotscheiben (je etwa 45 g) mit Butter bestreichen, mit Rührei und Lachsstreifen belegen und mit 2 Esslöffeln Schnittlauchröllchen bestreuen.

SALAT MIT GEBRATENEM HÄHNCHENFILET

Zubereitungszeit: 30 Minuten
Bratzeit: 8–10 Minuten

ZUTATEN FÜR 4 PORTIONEN

350 g Hähnchenbrustfilet
Salz
gem. Pfeffer
2 TL Speiseöl, z. B. Olivenöl
4 Scheiben Vollkornbrot
1 EL Speiseöl, z. B. Olivenöl
1 Knoblauchzehe
300 g Joghurt (1,5 % Fett)
2 TL gehackte frische oder TK-Kräuter
1 Bund Frühlingszwiebeln
2 Bund Radieschen
1 Eisbergsalat
300 g Kohlrabi
2 EL ungesalzene Erdnusskerne

PRO PORTION:

E: 32 g, F: 10 g, Kh: 33,5 g, kcal: 357

1. Filet unter fließend kaltem Wasser abspülen, trocken tupfen und mit Salz und Pfeffer bestreuen. Speiseöl in einer Pfanne erhitzen. Filet darin von allen Seiten gut anbraten, unter gelegentlichem Wenden 8–10 Minuten braten, aus der Pfanne nehmen.

2. Brot in kleine Würfel schneiden. Öl in der Pfanne erhitzen und die Brotwürfel darin unter Rühren knusprig braten.

3. Knoblauch abziehen und fein hacken. Joghurt mit Knoblauch und Kräutern verrühren, mit Salz und Pfeffer abschmecken.

4. Frühlingszwiebeln, Radieschen und Salat putzen, abspülen und gut abtropfen lassen. Kohlrabi schälen, abspülen und abtropfen lassen. Das Gemüse in kleine Stücke oder Streifen schneiden und mit dem Kräuterjoghurt gut vermischen.

5. Hähnchenfilet in Scheiben schneiden und mit dem Salat anrichten. Salat mit Erdnüssen und Brotwürfeln bestreut servieren.

TIPP:

Möchten Sie den Salat vorbereiten, geben Sie das Dressing in ein verschließbares Gefäß. Mischen Sie das Dressing erst kurz vor dem Servieren unter den Salat.

SALAT-MIX MIT GRILLED-CHEESE-TOASTS

Zubereitungszeit: 20 Minuten
+ Vegetarisch

ZUTATEN FÜR 2 PORTIONEN

125 g Salatmix (aus dem Frischebeutel oder der Salatbar)
6 Scheiben Sandwichtoast
2 EL Butter (zimmerwarm)
4–6 TL fruchtiges Mango-Chutney (aus dem Glas)
6 Scheiben Cheddar (je 30–40 g)
4–6 EL fertiges Salat-Dressing (z. B. Kräuter-Vinaigrette)

PRO PORTION:

E: 32 g, F: 51 g, Kh: 49 g, kcal: 784

1. Salatmix mit kaltem Wasser gründlich abspülen, abtropfen lassen oder trocken schleudern.

2. Toastscheiben auf beiden Seiten dünn mit Butter bestreichen. Eine große beschichtete Pfanne erhitzen, je 2–3 Toastscheiben darin zunächst auf beiden Seiten kurz goldbraun anrösten. Temperatur reduzieren.

3. Die Toastscheiben in der Pfanne jeweils auf einer Seite mit etwas Mango-Chutney bestreichen. Je 1 Scheibe Käse auflegen. Die Toast-Käse-Scheiben dann unter mehrmaligem Wenden weiterbraten, bis der Käse zu schmelzen beginnt. Dabei die Scheiben beim Braten auf der Käseseite etwas in der Pfanne hin und her bewegen.

4. Toast aus der Pfanne nehmen, mit den Brotseiten nach unten auf ein Schneidbrett geben, diagonal halbieren und überklappen. Übrige Toastscheiben und Käse ebenso zubereiten.

5. Salat auf Teller verteilen, mit Dressing beträufeln. Mit den Grilled-Cheese-Toasts anrichten.

TIPP:

Im Backofen mit schnell aufheizbarer Grillfunktion lassen sich die Toast-Ecken auch gleich auf einmal zubereiten. Dafür die Toasts auf einem mit Backpapier belegten Backblech verteilen. Mit Chutney bestreichen und den Käse auflegen. Unter dem heißen Grill erhitzen, bis der Käse zu schmelzen beginnt. Scheiben diagonal halbieren und überklappen und nochmals kurz von beiden Seiten rösten.

SALTIMBOCCA ALLA ROMANA

- Zubereitungszeit: 20 oder 25 Minuten
  Bratzeit: 6–8 Minuten
- ▲ mit Alkohol

ZUTATEN FÜR 4 PORTIONEN

4 dünne Scheiben Kalbfleisch aus der Keule (je 100 g)
8 Salbeiblättchen
4 Scheiben Parmaschinken
Salz
gem. Pfeffer
20 g Weizenmehl
2–3 EL Speiseöl

FÜR DIE SAUCE:

125 ml Weißwein
125 g Crème double
Zucker

ZUSÄTZLICH:

8 Holzstäbchen

PRO PORTION:

E: 26 g, F: 24 g, Kh: 3 g, kcal: 354

1. Kalbfleisch mit Küchenpapier abtupfen. Die Salbeiblättchen abspülen und trocken tupfen. Kalbfleisch- und Parmaschinkenscheiben halbieren. Auf jede halbierte Kalbfleischscheibe 1 Parmaschinkenhälfte und 1 Salbeiblättchen legen und mit Holzstäbchen von oben feststecken. Von beiden Seiten mit Salz und Pfeffer bestreuen und in Mehl wenden.

2. Speiseöl in einer großen Pfanne erhitzen. Das vorbereitete Fleisch darin von jeder Seite 3–4 Minuten braten, herausnehmen, auf einen vorgewärmten Teller legen und mit einem zweiten Teller bedecken.

3. Für die Sauce den Bratensatz mit Weißwein loskochen und etwas einkochen. Crème double unterrühren und kurz erhitzen. Die Sauce mit Salz, Pfeffer und Zucker abschmecken. Den ausgetretenen Fleischsaft unterrühren. Die Sauce auf dem Fleisch verteilen oder dazureichen.

TIPPS:

Statt Kalbfleisch kann man auch Schweine- oder Putenschnitzel verwenden. Nach Belieben lässt sich statt Crème double durch Mascarpone ersetzen.

BEILAGE:

Dazu Nudeln oder Reis servieren.

SCHINKEN-FISCH-PÄCKCHEN ZU RUCOLA-PASTA

Zubereitungszeit: 30 Minuten

ZUTATEN FÜR 3 PORTIONEN

1 ½ l Wasser
1 ½ gestr. TL Salz
150 g Tagliatelle (Bandnudeln)
450 g mageres festes Fischfilet, z. B. Pangasius, Kabeljau (frisch oder TK)
1 Bund frische Kräuter, z. B. Salbei, Dill, Basilikum oder 3 TL TK-Kräuter
90 g Rucola (Rauke)
Salz
gem. Pfeffer
3 große oder 6 längliche schmale Scheiben hauchdünn geschnittener, roher Schinken (etwa 60 g), z. B. Schwarzwälder oder Pfefferschinken
1 ½ TL Butter
3 EL Limettensaft
225 ml Gemüsebrühe
Zucker

PRO PORTION:

E: 36 g, F: 9 g, Kh: 39 g, kcal: 386

1. Wasser in einem Topf zugedeckt zum Kochen bringen. Dann Salz und Nudeln hinzugeben. Die Nudeln im geöffneten Topf bei mittlerer Hitze nach Packungsanleitung bissfest kochen, dabei gelegentlich umrühren.

2. In der Zwischenzeit Fischfilet kurz unter fließend kaltem Wasser abspülen, trocken tupfen und evtl. noch vorhandene Gräten sorgfältig entfernen. Das Fischfilet in 3 gleich große Stücke schneiden.

3. Kräuter abspülen und trocken tupfen. Die Blättchen oder Spitzen von den Stängeln zupfen.

4. Rucola putzen und dicke Stiele entfernen. Rucola abspülen, gut abtropfen lassen oder trocken schleudern und evtl. etwas kleiner zupfen.

5. Fischfiletstücke mit etwas Salz und Pfeffer würzen, die Kräuterblättchen bzw. -spitzen darauflegen. Die Fischfiletstücke mit den Schinkenscheiben sorgfältig umwickeln.

6. Butter in einer Pfanne zerlassen. Die Fischpäckchen darin unter vorsichtigem Wenden von beiden Seiten zartbraun braten, herausnehmen und zugedeckt auf einem vorgewärmten Teller warm halten.

7. Zwischenzeitlich die gegarten Nudeln in ein Sieb geben und abtropfen lassen.

8. Das verbliebene Bratfett mit Limettensaft und Brühe ablöschen, zum Kochen bringen und bei starker Hitze etwa um die Hälfte einkochen lassen. Die Sauce mit Salz, Pfeffer und Zucker abschmecken.

9. Die Nudeln zu der Sauce in die Pfanne geben und vermischen, dann Rucola hinzugeben und alles gut durchschwenken. Rucola-Nudeln mit Salz und Pfeffer würzen. Evtl. ausgetretenen Bratensaft von den Fischpäckchen hinzugießen. Die Schinken-Fisch-Päckchen mit der Rucola-Pasta anrichten.

TIPP:

Im Frühling können Sie statt Rucola auch die gleiche Menge zarten Blattspinat für dieses Gericht verwenden.

SCHNITZELCHEN MIT KARTOFFELSALAT

Zubereitungszeit: 15–20 Minuten
Bratzeit: 8–10 Minuten

ZUTATEN FÜR 4 PORTIONEN

20 g Butterschmalz oder 2 EL Speiseöl, z. B. Sonnenblumenöl
500 g panierte Mini-Schnitzel vom Schwein (aus dem Kühlregal)
1 kg Pellkartoffelsalat (aus dem Kühlregal)
2 hart gekochte Eier
150 g Salatgurke
1 Bund Radieschen
evtl. Salz, evtl. frisch gem. Pfeffer
1–2 EL Kresse

PRO PORTION:

E: 29 g, F: 38 g, Kh: 58 g, kcal: 692

1. Butterschmalz oder Öl in einer großen Pfanne erhitzen. Die Schnitzel darin bei mittlerer Hitze insgesamt 8–10 Minuten von beiden Seiten braten, dabei gelegentlich wenden. Die gegarten Schnitzel aus der Pfanne nehmen und evtl. warm stellen.

2. Inzwischen Kartoffelsalat in eine Schüssel geben. Eier pellen und in Scheiben schneiden. Gurke abspülen, abtrocknen und das Ende abschneiden. Gurke in dünne Scheiben schneiden.

3. Von den Radieschen Blätter, Spitzen und schlechte Stellen abschneiden. Radieschen abspülen, abtropfen lassen und in Scheiben schneiden.

4. Ei-, Gurken- und Radieschenscheiben zum Kartoffelsalat geben und alles vorsichtig verrühren. Kartoffelsalat evtl. mit Salz und Pfeffer abschmecken, mit Kresse bestreuen. Kartoffelsalat mit Mini-Schnitzeln und Radieschenhälften anrichten.

TIPP:

Der Kartoffelsalat schmeckt auch zu Frikadellen, Fischfilet, Sülzen oder Brühwurst.

SCHNITZELPFANNE NACH KREOLISCHER ART

◐ Zubereitungszeit: 20 Minuten
+ Laktosefrei

ZUTATEN FÜR 2 PORTIONEN

240 g Schnitzelfleisch, z. B. Pute, Hähnchen oder Kalbsschnitzel
1 Stück frischer Ingwer
300 g kleine Möhren
6 Frühlingszwiebeln
2 TL Sonnenblumenöl
Salz, gem. Pfeffer
1 TL Tomatenmark
2 kleine Lorbeerblätter
evtl. geschrotete Chilischoten
evtl. gem. Piment (Nelkenpfeffer)
evtl. gem. Gewürznelke
200 ml Gemüsebrühe
30 g gesalzene, geröstete Erdnusskerne
200 ml Orangensaft

PRO PORTION:

E: 35 g, F: 14 g, Kh: 27 g, kcal: 379

1. Schnitzelfleisch mit Küchenpapier abtupfen und in etwa 6 kleine Schnitzel schneiden.Die Schnitzel nebeneinander zwischen Frischhaltefolie oder in einen großen Gefrierbeutel legen und vorsichtig plattieren.

2. Ingwer schälen und fein reiben oder würfeln. Die Möhren putzen, schälen, abspülen, abtropfen lassen und in feine Stifte schneiden. Frühlingszwiebeln putzen, abspülen, abtropfen lassen und schräg in 2 cm große Stücke schneiden.

3. Sonnenblumenöl in einer beschichteten Pfanne erhitzen. Die Schnitzel mit Salz und Pfeffer würzen, dann auf beiden Seiten dünn mit Tomatenmark bestreichen. Die Schnitzel in dem erhitzten Sonnenblumenöl kurz von beiden Seiten anbraten, herausnehmen und zugedeckt auf einem Teller warm halten.

4. Ingwer und Möhrenstifte in dem verbliebenen Bratfett unter Rühren etwa 3 Minuten braten, mit Salz und Pfeffer würzen. Die Frühlingszwiebelstücke und die Lorbeerblätter hinzugeben und etwa 2 Minuten mitbraten oder mitdünsten lassen. Nach Belieben jeweils etwas von den Gewürzen hinzugeben.

5. Die Zutaten mit Brühe ablöschen, zum Kochen bringen und die Hälfte der Erdnusskerne unterrühren, etwa 2 Minuten einkochen lassen. Dann die Schnitzel wieder hinzugeben, Orangensaft hinzugießen, nochmals mit Salz und Pfeffer abschmecken. Die Flüssigkeit bei starker Hitze weitere etwa 2 Minuten kräftig einkochen.

6. Die Schnitzel, das Gemüse und die Sauce auf einem Teller anrichten. Die Schnitzel-Pfanne mit den restlichen Erdnusskernen bestreuen.

TIPP:

Sie können die Möhren auch durch 1–2 rote Paprikaschoten ersetzen. Geputzte, gewaschene Schotenhälften in längliche Streifen schneiden und wie unter Punkt 4 beschrieben garen.

SCHWEDEN-BURGER

Zubereitungszeit: 30 Minuten, ohne Abkühlzeit

ZUTATEN FÜR 4 PORTIONEN

100 g roter Rhabarber
200 g rote Zwiebeln
4 EL Zucker
4 EL Apfelessig
200 ml Apfelsaft
200 g Matjesfilet
5 Stängel Dill
125 g Crème fraîche
Salz
gem. schwarzer Pfeffer
75 g vorbereitete Radieschen
1 Beet Kresse
4 Burger-Brötchen (je etwa 50 g)

PRO PORTION:

E: 14 g, F: 22 g, Kh: 50 g, kcal: 456

1. Rhabarber putzen, abspülen, abtropfen lassen, Stielenden und Blattansätze entfernen. Die Stangen in etwa ½ cm große Würfel schneiden. Zwiebeln abziehen, zuerst in dünne Scheiben schneiden, dann in Ringe teilen.

2. Zucker in einer weiten Pfanne goldbraun schmelzen lassen. Rhabarberwürfel und Zwiebelringe hinzugeben, kurz in dem Zucker wenden. Mit Essig und Apfelsaft ablöschen, zum Kochen bringen und bei schwacher bis mittlerer Hitze etwa 6 Minuten einkochen lassen, bis keine Flüssigkeit mehr vorhanden ist. Rhabarber-Zwiebel-Masse erkalten lassen.

3. Matjesfilets in etwa 2 cm breite Stücke schneiden. Dill abspülen, trocken tupfen und die Spitzen von den Stängeln zupfen, Spitzen klein schneiden. Matjestücke, Dill und Crème fraîche zur Rhabarber-Zwiebel-Masse geben und untermengen. Mit Salz und Pfeffer würzen.

4. Radieschen abspülen, trocken tupfen und in sehr dünne Scheiben hobeln. Kresse abspülen, trocken tupfen und vom Beet schneiden.

5. Burger-Brötchen waagerecht durchschneiden und toasten. Die unteren Brötchenhälften mit der Matjes-Rhabarber-Creme, Kresse und den Radieschenscheiben belegen. Die oberen Brötchenhälften darauflegen.

TIPP:

Heimischen Rhabarber bekommen Sie in der Saison von April bis Juni. Der vitaminreiche Rhabarber gehört zu den ersten Gemüsesorten, die nach dem Winter geerntet werden. Der rote Himbeer-Rhabarber mit roter Schale und rotem Fruchtfleisch schmeckt am feinsten und süßesten.

SCHWEINEFILET IN SENF-SALBEI-SAUCE

Zubereitungszeit: 30 Minuten

ZUTATEN FÜR 2 PORTIONEN

300 g vorwiegend festkochende Kartoffeln
650 g Kohlrabi
1 TL Butter
Salz
gem. Pfeffer
ger. Muskatnuss
150 ml Gemüsebrühe
50 g Sahne zum Kochen (7 % Fett)
4 kleine Schweinefilet-Medaillons (je etwa 50 g)
1 Zwiebel
4–6 Salbeiblättchen oder 1 TL gerebelter Salbei
1 TL Sonnenblumenöl
200 ml heiße Gemüsebrühe
1 TL milder Senf
2 EL klein geschnittene Petersilie (frisch oder TK)

PRO PORTION:

E: 30 g, F: 11 g, Kh: 32 g, kcal: 355

1. Kartoffeln und Kohlrabi schälen, abspülen und gut abtropfen lassen. Kartoffeln und Kohlrabi in etwa 1 cm große Würfel schneiden.

2. Butter in einem Topf zerlassen. Kartoffel- und Kohlrabiwürfel darin bei schwacher Hitze unter Rühren andünsten, mit Salz, Pfeffer und Muskat würzen. Die Brühe und Sahne hinzugießen, zum Kochen bringen und zugedeckt etwa 10 Minuten unter gelegentlichem Rühren kochen lassen.

3. In der Zwischenzeit Medaillons mit Küchenpapier abtupfen. Zwiebel abziehen und in kleine Würfel schneiden. Die Salbeiblättchen abspülen und trocken tupfen.

4. Sonnenblumenöl in einer beschichteten Pfanne erhitzen. Die Medaillons darin von beiden Seiten 3–4 Minuten braten, mit Salz und Pfeffer würzen.

5. Die Schweinefilet-Medaillons aus der Pfanne nehmen und zugedeckt auf einem vorgewärmten Teller warm halten.

6. Zwiebelwürfel in die Pfanne geben und in dem verbliebenen Bratfett unter Rühren goldbraun anbraten.

7. Salbeiblättchen und heiße Brühe hinzugeben, zum Kochen bringen und bei starker Hitze etwa 1 Minute kräftig einkochen lassen.

8. Den Saucenfond mit Salz, Pfeffer und Senf würzen, Petersilie unterrühren. Die Medaillons mit dem dabei entstandenen Bratensaft in die Sauce geben und kurz erhitzen.

9. Die Kohlrabi-Kartoffel-Würfel ohne Deckel bei starker Hitze sämig einkochen. Risotto mit Salz und Pfeffer abschmecken.

10. Die Schweinefilet-Medaillons in Senf-Salbei-Sauce mit dem Kohlrabi-Kartoffel-Risotto anrichten.

TIPP:

Nach Belieben mit abgespülten und trocken getupften Salbeiblättchen und klein geschnittener Petersilie garnieren.

SCHWEINEFILETPFANNE MIT ROSINEN UND SPITZKOHL

Zubereitungszeit: 25 Minuten
Garzeit: etwa 10 Minuten

ZUTATEN FÜR 4 PORTIONEN

750 g Schweinefilet
1 Spitzkohl (etwa 600 g)
1 Fleischtomate
2 EL Olivenöl
50 g Schinkenwürfel (aus dem Kühlregal)
100 g Rosinen
40 g Butter
Salz
gem. Pfeffer

PRO PORTION:

E: 48 g, F: 19 g, Kh: 21 g, kcal: 456

1. Das Schweinefilet mit Küchenpapier abtupfen, evtl. entsehnen und entfetten. Schweinefilet längs halbieren und in dünne Scheiben schneiden.

2. Spitzkohl putzen, vierteln und den Strunk herausschneiden. Kohlviertel in Streifen schneiden, abspülen und abtropfen lassen. Die Tomate abspülen, trocken tupfen, halbieren, entkernen und den Stängelansatz herausschneiden. Tomate in Würfel schneiden.

3. Olivenöl in einer großen Pfanne erhitzen. Die Filetscheiben darin von beiden Seiten gut anbraten. Die Spitzkohlstreifen und Schinkenwürfel hinzugeben, etwa 10 Minuten unter gelegentlichem Rühren mitbraten. Rosinen und Butter unterrühren, kurz miterhitzen.

4. Die Rosinen-Spitzkohl-Pfanne mit Salz und Pfeffer kräftig würzen und mit den Tomatenwürfeln bestreut sofort servieren.

SEELACHS AUF ZITRONEN-SPINAT MIT MÖHRENREIS

Zubereitungszeit: 20 Minuten
Garzeit: Seelachs etwa 15 Minuten
Garzeit: Reis etwa 10 Minuten

ZUTATEN FÜR 4 PORTIONEN

600 g TK-Blattspinat
200 ml Gemüsebrühe
Salz
ger. Muskatnuss
4 Möhren (etwa 400 g)
2 Zitronen
600 g Seelachsfilet oder 4 Seelachsfilets (je etwa 150 g)
gem. Pfeffer
10 g zerlassene Butter
2 EL Speiseöl, z. B. Sonnenblumenöl
160 g Langkornreis
400 ml heiße Gemüsebrühe

PRO PORTION:

E: 36 g, F: 12 g, Kh: 38 g, kcal: 413

1. Den Backofen vorheizen.
Ober-/Unterhitze: etwa 200 °C
Heißluft: etwa 180 °C

2. Spinat mit der Brühe in einem Topf unter gelegentlichem Rühren bei mittlerer Hitze erwärmen, bis der Spinat aufgetaut ist. Spinat mit Salz und Muskat würzen.

3. In der Zwischenzeit Möhren putzen, schälen, abspülen, abtropfen lassen und klein würfeln. 1 Zitrone so schälen, dass die weiße Haut mitentfernt wird. Die Zitrone in Scheiben schneiden.

4. Den Spinat in einer großen Auflaufform (gefettet) verteilen. Zitronenscheiben darauflegen. Das Fischfilet kurz unter fließend kaltem Wasser abspülen, trocken tupfen, mit Salz und Pfeffer würzen und auf den Spinat legen. Fischfilet mit zerlassener Butter bestreichen.

5. Die Form auf dem Rost in den vorgeheizten Backofen (unteres Drittel) schieben. Seelachs auf Spinat etwa 15 Minuten garen.

6. In der Zwischenzeit Speiseöl in einem Topf erhitzen. Möhrenwürfel und Reis hinzufügen, unter Rühren bei mittlerer Hitze kurz andünsten. Restliche Zitrone halbieren und den Saft auspressen. Die heiße Brühe mit dem Zitronensaft verrühren, zur Möhren-Reis-Mischung gießen und unter gelegentlichem Rühren zum Kochen bringen. Den Reis bei schwacher Hitze zugedeckt in etwa 15 Minuten ausquellen lassen. Seelachs mit Zitronenspinat und Möhrenreis anrichten und servieren.

SEELACHS MIT WASABI-ERDNUSS-PANADE

Zubereitungszeit: 30 MInuten, ohne Durchziehzeit
Garzeit: etwa 6 Minuten

ZUTATEN FÜR 3 PORTIONEN

FÜR DEN GURKEN-SPROSSEN-SALAT:

3 EL Zitronen- oder Limettensaft
etwa 3 TL Sojasauce
Zucker, Salz, gem. Pfeffer
1–2 Salatgurken (etwa 600 g)
1–2 säuerliche Äpfel (etwa 300 g)
150 g Mungobohnen-Keimlinge (frisch oder abgetropft aus dem Glas)

FÜR DEN WASABI-SEELACHS:

60 g Wasabi-Erdnusskerne (aus Dose oder Beutel)
375 g mageres Fischfilet, z. B. Seelachs oder Kabeljau (frisch oder TK)
3 TL Sonnenblumenöl
evtl. einige Stängel frischer Koriander

PRO PORTION:

E: 30 g, F: 12 g, Kh: 25 g, kcal: 333

1. Für den Salat den Zitronen- oder Limettensaft mit Sojasauce, Zucker, Salz und Pfeffer in einer Schüssel verrühren.

2. Die Salatgurken schälen, abspülen, trocken tupfen und die Enden abschneiden. Äpfel schälen, halbieren, entkernen, in Spalten schneiden. Gurken und Äpfel fein hobeln und unter das Dressing rühren. Den Salat durchziehen lassen.

3. In der Zwischenzeit frische Mungobohnen-Keimlinge verlesen, in ein Sieb geben, mit kaltem Wasser abspülen und gut abtropfen lassen.

4. Für den Seelachs Wasabi-Erdnusskerne sehr fein hacken. Fischfilet (TK-Fischfilet vorher auftauen) kurz unter fließend kaltem Wasser abspülen, trocken tupfen und in 3 gleich große Stücke teilen, mit Salz würzen. Fischfiletstücke in den gehackten Nusskernen wenden und diese gut andrücken.

5. Sonnenblumenöl in einer beschichteten Pfanne erhitzen. Fischfiletstücke darin unter vorsichtigem Wenden bei schwacher Hitze etwa 6 Minuten goldbraun braten (Achtung: Die Panade wird schnell dunkel, das Fett nicht zu stark erhitzen!).

6. Die Fischfiletstücke aus der Pfanne nehmen, auf einen vorgewärmten Teller geben und zugedeckt kurz warm halten. Die Mungobohnen-Keimlinge im verbliebenen Bratfett unter Rühren kurz knackig anbraten.

7. Koriander abspülen und trocken tupfen. Die Blättchen von den Stängeln zupfen. Die Blättchen grob zerschneiden. Die Korianderblättchen mit dem Gurken-Sprossen-Salat und den Keimlingen vermischen. Den Salat nochmals mit den Gewürzen abschmecken.

8. Wasabi-Seelachs mit dem Salat auf Tellern anrichten und servieren.

BEILAGE:

Dazu Langkornreis servieren.

SOMMERSALAT MIT HÄHNCHENBRUSTSTREIFEN

Zubereitungszeit: etwa 35 Minuten

ZUTATEN FÜR 4 PORTIONEN

1 kleiner Kopf Lollo Rossa
1 kleiner Kopf Lollo Bionda
1 Handvoll Feldsalat
oder
2 Beutel Salat aus der Kühltheke, je nach Hersteller und Mischung von je 200–300 g
1 Bund Frühlingszwiebeln (150 g)
je 1 kleine rote und gelbe Paprikaschote
4 Hähnchenbrustfilets (je etwa 150 g)
4 EL Speiseöl, z. B. Olivenöl
Salz
frisch gem. Pfeffer
3 EL Weißweinessig
3 EL Wasser

ZUSÄTZLICH:

1 große Pfanne

PRO PORTION:

E: 39 g, F: 12 g, Kh: 6 g, kcal: 288

1. Salatköpfe putzen und äußere schlechte Blätter entfernen. Salatblätter jeweils vom Strunk lösen. Salatblätter und Feldsalat in reichlich Wasser gründlich waschen, in einem Sieb gut abtropfen lassen oder in einer Salatschleuder trocken schleudern. Große Salatblätter kleiner zupfen und die Herzblätter ganz lassen. Feldsalat verlesen und Wurzelenden abzupfen.

2. Von den Frühlingszwiebeln Wurzelenden abschneiden, evtl. äußeres Blatt entfernen. Frühlingszwiebeln abspülen, abtropfen lassen und in schräge Ringe schneiden.

3. Paprika halbieren, entstielen, entkernen und die weißen Scheidewände entfernen. Die Schoten abspülen, trocken tupfen und in Streifen schneiden.

4. Hähnchenbrustfilets unter fließend kaltem Wasser abspülen und trocken tupfen. Von den Hähnchenbrustfilets die Sehnen entfernen. Filets quer zur Faser in Streifen schneiden (in Stärke der Paprikastreifen).

5. Etwas von dem Speiseöl in einer Pfanne erhitzen. Die Fleischstreifen in 2 Portionen darin von allen Seiten kurz anbraten. Angebratenes Fleisch wieder in die Pfanne geben. Frühlingszwiebelringe und Paprikastreifen hinzufügen und 2–3 Minuten mitdünsten lassen, mit den Fleischstreifen aus der Pfanne nehmen. Das Ganze mit Salz und Pfeffer würzen und warm stellen.

6. Für die Sauce den Bratensatz mit Essig und Wasser ablöschen, mit Salz und Pfeffer würzen und restliches Speiseöl unterschlagen.

7. Vorbereitete Salatzutaten mit Hähnchenfiletstreifen auf einer Platte oder in einer Schüssel anrichten und mit der lauwarmen Sauce beträufeln. Salat sofort servieren.

SPÄTZLEPFANNE MIT SALSICCE-KLÖSSCHEN

Zubereitungszeit: 20 Minuten

ZUTATEN FÜR 4 PORTIONEN

300 g Salsicce (rohe, grobe italienische Bratwurst)
Salz
500 g frische Spätzle (Frischepack aus dem Kühlregal)
1 große Zwiebel
225 g gut abgetropfte Misch-Pilze, hell (aus der Dose)
150 g Schlagsahne
150 ml Milch (3,5 % Fett)
gem. Pfeffer
125 g Cocktailtomaten
2 EL gehackte glatte Petersilie oder 1 EL TK-Kräutermischung

PRO PORTION:

E: 22 g, F: 38 g, Kh: 40 g, kcal: 587

1. Wasser in einem großen Topf zugedeckt zum Kochen bringen. Brät aus den Hüllen drücken und mit leicht angefeuchteten Händen zu Klößchen formen. Eine große beschichtete Pfanne erhitzen. Die Brätklößchen darin unter Wenden rundherum braun braten. Auf einen Teller geben, kurz warm halten.

2. Salz und Spätzle ins kochende Wasser geben. Die Spätzle im geöffneten Topf bei mittlerer Hitze nach Packungsanleitung bissfest kochen, dabei gelegentlich umrühren. Inzwischen die Zwiebel abziehen, zuerst in Scheiben schneiden, dann in Ringe teilen. Zwiebelringe im verbliebenen Bratfett in der Pfanne unter Wenden braun braten. Pilze zugeben und mit anbraten.

3. Gegarte Spätzle in ein Sieb geben und abtropfen lassen. Pilz-Mischung in der Pfanne mit Sahne und Milch ablöschen. Mit Salz und Pfeffer würzen und kurz bei starker Hitze einkochen lassen. Tomaten abspülen, abtrocknen, halbieren und die Stängelansätze herausschneiden.

4. Spätzle, Klößchen und Tomaten in die Pfanne geben, alles gründlich durchmischen und bei starker Hitze noch kurz einkochen, bis die Sauce sämig wird.

5. Spätzlepfanne nach Belieben mit gehackter Petersilie oder TK-Kräutermischung anrichten.

TIPPS:

Kleine Fleischklößchen können Sie natürlich auch bereits fertig gebraten (Kühltheke) kaufen. Probieren Sie alternativ auch bereits gegartes Pulled Pork (Kühltheke). Das Fleisch kurz in der Sauce erhitzen. Reicht für 4 Personen zum Sattessen und für 6 Personen als After-Work-Snack.
Als schnelles 10-Minuten-Dessert dazu passt ein fertiger Obstsalat-Mix (aus der Salatbar oder Kühltheke) mit Likör-Schmand. Für 4 Portionen 200 g Schmand mit 2 Esslöffeln Puderzucker und 4 Esslöffeln Orangenlikör (oder etwas Mandel-Aromasirup) verrühren und zum Obstsalat reichen.

SPECKSCHOLLEN

Zubereitungszeit: 30 Minuten
Bratzeit: etwa 16 Minuten

ZUTATEN FÜR 4 PORTIONEN

4 küchenfertige Schollen (je etwa 300 g)
Salz
gem. Pfeffer
etwa 150 g durchwachsener Speck
1 Bio-Zitrone
40 g Weizenmehl
3–4 EL Speiseöl, z. B. Sonnenblumenöl
einige Stängel Dill

PRO PORTION:

E: 47 g, F: 15 g, Kh: 6 g, kcal: 349

1. Schollen kurz unter fließend kaltem Wasser abspülen, trocken tupfen, mit Salz und Pfeffer einreiben.

2. Speck in Würfel schneiden. Die Zitrone heiß abwaschen, abtrocknen und achteln. Die Schollen in Mehl wenden, überschüssiges Mehl leicht abschütteln.

3. Speiseöl in einer Pfanne erhitzen. Die Speckwürfel darin ausbraten, herausnehmen und warm stellen.

4. Die Schollen in 2 großen Pfannen in dem Speckfett etwa 8 Minuten von jeder Seite braun und gar braten, evtl. noch etwas Speiseöl hinzugeben. Die Schollen herausnehmen und auf einer vorgewärmten Platte anrichten.

5. Dill abspülen und trocken tupfen. Die warm gestellten Speckwürfel auf den Schollen verteilen. Die Schollen mit Zitronenspalten und Dillstängeln garniert servieren.

TIPP:

Zusätzlich 150–200 g fertig gepulte Krabben in dem Speckfett anbraten und auf den Schollen verteilen.

BEILAGE:

Dazu Salzkartoffeln und Feldsalat servieren.

SPINATSUPPE MIT GEBRATENEM EI

◔ Zubereitungszeit: 25 Minuten
+ Vegetarisch

ZUTATEN FÜR 4 PORTIONEN

FÜR DIE EINLAGE:

15 g Butter
2 Eier (Größe M)

FÜR DIE SUPPE:

2 Zwiebeln
1 Knoblauchzehe
25 g Butter
1 EL Weizenmehl
750 ml heiße Gemüsebrühe
300 g TK-Blattspinat
75 g Schlagsahne
Salz
gem. Pfeffer
ger. Muskatnuss

PRO PORTION:

E: 7 g, F: 17 g, Kh: 6 g, kcal: 213

1. Für die Einlage Butter in einer Pfanne zerlassen. Eier vorsichtig aufschlagen, von beiden Seiten bei schwacher Hitze braten. Eier aus der Pfanne nehmen und auf einen Teller geben.

2. Für die Suppe Zwiebeln und Knoblauch abziehen, in kleine Würfel schneiden.

3. Butter in einem Topf zerlassen. Die Zwiebel- und Knoblauchwürfel darin andünsten. Dann mit Mehl bestäuben und unterrühren. Die heiße Brühe nach und nach hinzugießen und unter Rühren zum Kochen bringen. Dabei darauf achten, dass keine Klümpchen entstehen. Gefrorenen Spinat und Sahne unterrühren. Die Zutaten unter Rühren wieder zum Kochen bringen.

4. Spinatsuppe mit Salz, Pfeffer und Muskat würzen, zugedeckt etwa 5 Minuten bei schwacher Hitze kochen lassen.

5. In der Zwischenzeit die gebratenen Eier in Streifen schneiden.

6. Spinatsuppe in tiefen Tellern oder Suppentassen verteilen und mit den Eierstreifen garnieren.

TIPP:

Dazu passt knuspriges Baguette. Sehr gut schmecken auch feine Räucherlachsstreifen in der Suppe.

SÜSSKARTOFFEL-COUSCOUS-SALAT

Zubereitungszeit: 25 Minuten
Garzeit: 15–20 Minuten
+ Vegetarisch

ZUTATEN FÜR 4 PORTIONEN

75 g Couscous
knapp 300 ml Gemüsebrühe
1 Schalotte
½ Salatgurke
750 g gegarte mittelgroße Süßkartoffeln (Bataten, als Pellkartoffeln zubereitet)
40 g abgetropfte grüne Oliven ohne Stein (etwa 18 Stück)
3 geh. TL abgetropfte Kapern
4–5 EL Limettensaft, 2 EL Olivenöl (20 g)
Salz, gem. Pfeffer
Chilipulver oder -flocken
5 Stängel Petersilie

PRO PORTION:

E: 6 g, F: 8 g, Kh: 54 g, kcal: 316

1. Couscous mit der Gemüsebrühe nach Packungsanleitung zubereiten. Den garen Couscous in eine Salatschüssel geben.

2. Die Schalotte abziehen, halbieren und in feine Würfel schneiden. Die Salatgurke abspülen, abtrocknen und das Ende abschneiden. Gurke längs halbieren, entkernen und in Streifen schneiden.

3. Süßkartoffeln pellen und in mundgerechte Stücke schneiden. Die Oliven halbieren, mit den Kapern mischen und beiseitestellen.

4. Für die Salatsauce 4 Esslöffel Limettensaft mit dem Olivenöl verschlagen, mit Salz, Pfeffer und Chilipulver (Chiliflocken) würzen.

5. Den beiseitegestellten Couscous mit 2 Gabeln etwas auflockern. Schalottenwürfel, Gurkenstreifen, Kartoffelstücke und die Oliven-Kapern-Mischung hinzufügen und unterheben. Limettensauce mit den Salatzutaten vermengen.

6. Zum Servieren die Petersilie abspülen, gut trocken tupfen und die Blättchen von den Stängeln zupfen. Die Blättchen fein hacken. Die Petersilienblätter unter den Salat mischen. Den Süßkartoffel-Couscous-Salat mit Limettensaft, Salz, Pfeffer und Chili säuerlich-scharf abschmecken und servieren.

TIPP:

Die Süßkartoffeln am Vortag als Pellkartoffeln garen. Dafür die Süßkartoffeln abspülen und in Salzwasser in 15–20 Minuten zugedeckt gar kochen. Kartoffeln abgießen und kalt stellen. Sie können natürlich auch „normale" Kartoffeln für den Salat verwenden. Den Couscous können Sie durch die gleiche Menge Bulgur ersetzen.

REZEPTABWANDLUNG:

Für einen **Süßkartoffelsalat mit Roter Bete** (4 Personen) ersetzen Sie die Salatgurke durch etwa 200 g Rote Bete (vakuumverpackt, vorgegart). Die Rote Bete in Würfel schneiden und wie unter Punkt 5 beschrieben unter den Salat heben.

STEAKSANDWICH

Zubereitungszeit: 20 Minuten, ohne Ruhezeit

ZUTATEN FÜR 2 PORTIONEN

1 Ciabatta oder 1 kleines Baguette (etwa 300 g)
1 Rumpsteak (etwa 300 g, Zimmertemperatur) oder 1 Hüftsteak (das ist nicht so teuer und manchmal zarter als Rumpsteak)
5 EL Olivenöl
2 Stängel Rosmarin
Salz
gem. Pfeffer
Saft von 1 Zitrone
2 EL Dijon-Senf
etwas Rucola (Rauke)

PRO PORTION:

E: 49 g, F: 29 g, Kh: 74 g, kcal: 763

1. Den Backofen vorheizen.
Ober-/Unterhitze: etwa 100 °C
Heißluft: etwa 80 °C

2. Ciabatta oder Baguette im vorgeheizten Backofen etwa 10 Minuten erwärmen.

3. In der Zwischenzeit Rumpsteak oder Hüftsteak mit Küchenpapier abtupfen und anschließend waagerecht durchschneiden. Die Fleischscheiben mithilfe eines Fleischklopfers (ist dieser nicht vorhanden, lassen sich auch Topf oder Pfanne umfunktionieren) bearbeiten, bis die Scheiben etwa 1 cm dick sind. Die plattierten Fleischscheiben mit etwa 1 Esslöffel Olivenöl einreiben.

4. Rosmarin abspülen und trocken tupfen. Die Nadeln von den Stängeln zupfen. Die Fleischscheiben mit den Rosmarinnadeln bestreuen und kräftig mit Salz und Pfeffer würzen.

5. Etwa 2 Esslöffel Olivenöl in einer Pfanne erhitzen. Die Fleischscheiben darin von jeder Seite etwa 1 Minute braten, bis das Fleisch innen noch leicht rosa ist (die Garzeit kann je nach Geschmack verkürzt oder verlängert werden). Die Fleischscheiben aus der Pfanne nehmen, mit etwas Zitronensaft beträufeln und mit Alufolie zugedeckt etwa 5 Minuten ruhen lassen.

6. In der Zwischenzeit das erwärmte Ciabatta oder Baguette waagerecht aufschneiden und die untere Schnittfläche mit dem restlichen Olivenöl beträufeln und mit Senf bestreichen.

7. Rucola abspülen und trocken tupfen. Die dicken Stiele entfernen. Rucola auf der bestrichenen Brotseite verteilen. Die Steaks darauflegen und mit dem entstandenen Bratensaft beträufeln. Die oberen Hälften darauflegen und sofort servieren.

STEAKS MIT GRÜNER PFEFFERSAUCE

Zubereitungszeit: etwa 15 Minuten
Garzeit: etwa 8 Minuten

ZUTATEN FÜR 2 PORTIONEN

2 Rinderfiletscheiben (je etwa 150 g)
Salz
gem. Pfeffer
1 EL grüner Pfeffer (in Lake)
2 EL Olivenöl
etwa 50 ml Wasser
1–2 EL Crème fraîche

PRO PORTION:

E: 32 g, F: 22 g, Kh: 1 g, kcal: 356

1. Die Filetscheiben mit Küchenpapier trocken tupfen, leicht flach drücken und mit Salz und Pfeffer bestreuen.

2. Den grünen Pfeffer in einem kleinen Sieb unter fließendem Wasser abspülen.

3. Das Olivenöl in der Pfanne erhitzen. Die Fleischscheiben in die Pfanne geben und etwa 1 Minute von jeder Seite bei starker Hitze, danach etwa 3 Minuten von jeder Seite bei mittlerer Hitze braten.

4. Die Steaks aus der Pfanne nehmen, auf einen vorgewärmten tiefen Teller legen, mit einem zweiten vorgewärmten Teller zudecken und warm stellen.

5. Das Wasser in die Pfanne gießen. Crème fraîche unterrühren. Die Sauce mit Salz und Pfeffer abschmecken. Grünen Pfeffer hinzugeben und unterrühren. Die Sauce nochmals kurz erhitzen und zu den Steaks servieren.

TIPPS:

Statt Wasser alternativ Fleischbrühe oder Weinbrand in die Sauce geben.

BEILAGE:

Dazu passen gemischter Blattsalat und Baguette.

TANDOORI-GARNELEN MIT SPINAT

Zubereitungszeit: 30 Minuten

ZUTATEN FÜR 4 PORTIONEN

500 g Garnelen (ohne Schale)
4 TL Tandoori-Paste (indische Gewürzpaste, aus dem Glas)
100 g rote Zwiebeln
2 Knoblauchzehen
250 g frischer Blattspinat
Salz
4 EL Sojaöl
250 g Joghurt (10 % Fett)

PRO PORTION:

E: 29 g, F: 19 g, Kh: 6 g, kcal: 311

1. Garnelen kurz unter fließend kaltem Wasser abspülen, trocken tupfen und evtl. entdarmen. Garnelen mit der Tandoori-Paste vermischen.

2. Zwiebeln und Knoblauch abziehen, in kleine Würfel schneiden. Spinat verlesen und die Stiele abschneiden. Spinatblätter gründlich waschen und abtropfen lassen. Die Spinatblätter in kochendem Salzwasser etwa 30 Sekunden blanchieren. Spinatblätter mit einer Schaumkelle herausnehmen, mit kaltem Wasser abschrecken und in einem Sieb gut abtropfen lassen.

3. Sojaöl in einem Wok erhitzen. Die Garnelen darin etwa 2 Minuten unter Rühren anbraten. Zwiebel- und Knoblauchwürfel hinzufügen und kurz andünsten. Blattspinat hinzugeben und kurz unter Rühren erhitzen. Den Joghurt unterheben oder extra zu den Tandoori-Garnelen mit Spinat servieren.

BEILAGE:

Dazu passen Reisnudeln.

THAI-NUDELN

Zubereitungszeit: 25 Minuten
+ Vegan

ZUTATEN FÜR 4 PORTIONEN

2 Knoblauchzehen
2 EL Speiseöl, z. B. Sojaöl
1–2 TL Thai-Currypaste (aus dem Glas, erhältlich im Asialaden)
400 ml Kokosmilch
400 g Brokkoli
1 Bund Frühlingszwiebeln
150 g rosé Champignons
1 rote Paprikaschote (etwa 200 g)
125 g Cocktailtomaten
Salz, gem. Pfeffer
150 g Instant-Mie-Nudeln (aus Weizenmehl)
etwas Sojasauce

PRO PORTION:

E: 11 g, F: 24 g, Kh: 40 g, kcal: 416

1. Knoblauch abziehen und in Scheiben schneiden. Speiseöl in einer sehr großen Pfanne erhitzen. Die Knoblauchscheiben darin andünsten. Currypaste hinzugeben, unter Rühren kurz mitdünsten lassen. Mit Kokosmilch ablöschen, unter Rühren zum Kochen bringen und etwa 2 Minuten kochen lassen.

2. Von dem Brokkoli die Blätter entfernen. Brokkoli in Röschen teilen, die dicken Stiele schälen und klein schneiden. Die Brokkoliröschen und -stiele abspülen und trocken tupfen. Die Frühlingszwiebeln putzen, abspülen, abtropfen lassen und in Stücke schneiden. Champignons putzen, evtl. kurz abspülen und gut trocken tupfen. Große Champignons halbieren.

3. Paprikaschote halbieren, entstielen, entkernen und die weißen Scheidewände entfernen. Schote abspülen, trocken tupfen und in feine Streifen schneiden. Tomaten abspülen, trocken tupfen, halbieren und die Stängelansätze herausschneiden.

4. Brokkoliröschen, -stiele, Frühlingszwiebelstücke, Champignons und Paprikastreifen zum Kokosfond in die Pfanne geben. Mit Salz und Pfeffer würzen, zum Kochen bringen. Das Gemüse etwa 5 Minuten bei schwacher Hitze kochen lassen.

5. In der Zwischenzeit Instant-Nudeln in eine große Schüssel geben. Mit kochendem Wasser übergießen und zugedeckt nach Packungsanleitung gar ziehen lassen.

6. Die Kokos-Gemüse-Sauce nochmals mit Salz und Pfeffer abschmecken. Tomatenhälften hinzugeben und kurz aufkochen. Die gegarten Nudeln durchrühren, in einem Sieb gut abtropfen lassen, zur Kokos-Gemüse-Sauce geben und untermischen. Nochmals kurz erhitzen. Die Thai-Nudeln mit Sojasauce abschmecken und nach Belieben in der Pfanne servieren. Oder die Thai-Nudeln in Portionsschalen anrichten.

THUNFISCH-BURGER

Zubereitungszeit: 15 Minuten

ZUTATEN FÜR 4 PORTIONEN

150 g abgetropfter Thunfisch
(aus der Dose, naturell, in eigenem Saft)
1 Fleischtomate
4 XXL-Sesam-Burger-Brötchen
2 TL Pesto (aus dem Glas)
4 EL Salatmayonnaise

PRO PORTION:

E: 15 g, F: 28 g, Kh: 38 g, kcal: 470

1. Thunfisch fein zerzupfen. Tomate abspülen, abtrocknen, halbieren und den Stängelansatz herausschneiden. Tomate in etwa 1 cm dicke Scheiben schneiden.

2. Die unteren Hälften der Burger-Brötchen dünn mit je 1 Teelöffel Pesto bestreichen. Beide Hälften dann mit Mayonnaise bestreichen. Thunfisch auf den unteren Brötchenhälften verteilen. Je 1–2 Tomatenscheiben darauflegen.

3. Obere Burgerhälften auflegen, andrücken. Eine beschichtete Pfanne bei niedriger bis mittlerer Temperatur erhitzen. Die Burger-Brötchen einlegen, mit einem schweren, geradem Deckel oder Teller beschweren. Brötchen unter gelegentlichem Wenden (Achtung, brennen rasch an!) auf beiden Seiten knusprig rösten.

TIPP:

Wenn Ihr Supermarkt keine XXL-Burger-Brötchen im Programm hat, dann einfach die klassischen Burger-Brötchen kaufen und pro Person ruhig ½–1 Burger mehr zubereiten.
Die Burger schmecken übrigens auch abgekühlt sehr lecker.

REZEPTVARIANTE:

Burger mit rasch gemachtem **Gurkensalat** anrichten: Gurkensalat mit Schmand-Dressing: 2 mittelgroße Salatgurken schälen. Einen Küchenhobel über ein großes, feines Sieb legen. Gurken damit in feine Scheiben hobeln. Mit etwa 1 Teelöffel Salz gründlich vermischen, etwa 10 Minuten ziehen und kurz abtropfen lassen. In der Zwischenzeit 2 Esslöffel (75 g) Schmand, gemahlenen Pfeffer und nach Belieben 1 Esslöffel tiefgekühlte Kräuter (z. B. Dill oder Borretsch) in einer Schüssel verrühren. Gurkenscheiben nochmals durchmischen, eventuell leicht ausdrücken. Gurken zum Dressing geben und gründlich durchmischen. Gurkensalat nach Geschmack mit etwas Salz nachwürzen.

TOAST MIT LEICHTEM CHAMPIGNON-SALAT

Zubereitungszeit: 15 Minuten
+ Vegetarisch

ZUTATEN FÜR 4 PORTIONEN

300 g kleine braune Champignons
150 g Cocktailtomaten
1 EL Olivenöl
10 g Pinienkerne
½ TL Fenchelsamen
1–2 EL Weißweinessig
Salz
50 g Rucola (Rauke)
100 g Fetakäse (15 % Fett)
1 TL Olivenöl
4 Scheiben Vollkorntoast
100 g Joghurt (3,5 % Fett)
gem. Pfeffer

PRO PORTION:

E: 14 g, F: 10 g, Kh: 14 g, kcal: 194

1. Die Champignons putzen, evtl. kurz abspülen und trocken tupfen. Tomaten abspülen, abtrocknen, halbieren und die Stängelansätze herausschneiden. Tomatenhälften nochmals durchschneiden.

2. Olivenöl in einer großen Pfanne erhitzen. Pinienkerne darin unter Rühren kurz anrösten. Champignons und Fenchelsamen hinzugeben, unter Rühren etwa 3 Minuten garen. Tomatenviertel unterheben. Essig unterrühren, mit Salz abschmecken. Die Pfanne von der Kochstelle nehmen.

3. Rucola putzen und die dicken Stiele herausschneiden. Den Rucola abspülen, gut abtropfen lassen oder trocken schleudern. Rucola evtl. etwas kleiner zupfen und unter den Champignon-Tomaten-Salat mischen.

4. Den Käse abtropfen lassen und in etwa 2 cm große Würfel schneiden. Olivenöl in einer Pfanne erhitzen. Die Käsewürfel darin von allen Seiten leicht anrösten.

5. Die Vollkorntoastscheiben toasten.

6. Joghurt durchrühren und mit Pfeffer abschmecken. Den Champignon-Tomaten-Salat auf den Toastscheiben verteilen. Die Käsewürfel daraufgeben, mit je einem Klecks Pfeffer-Joghurt garnieren und servieren.

TOAST-BURGER MIT HÄHNCHEN UND SALAT

Zubereitungszeit: 30 Minuten

ZUTATEN FÜR 4 PORTIONEN

FÜR DEN SALAT:

350 g Tomaten
250 g Salatgurke
1 Zwiebel
2 gelbe Paprikaschoten (etwa 400 g)
etwa 150 g Eisbergsalat
2 EL Weißweinessig
4–5 EL Olivenöl
Salz, gem. Pfeffer, Zucker
20 abgetropfte schwarze Oliven mit Stein, z. B. Kalamata

FÜR DIE BURGER:

4 Toastbrötchen (Toasties, je etwa 50 g)
4 Minzeblätter
250 g Speisequark (40 % Fett)
½ gebratenes, abgekühltes Hähnchen (vom Grill oder Imbiss, etwa 400 g)

PRO PORTION:

E: 33 g, F: 30 g, Kh: 33 g, kcal: 537

1. Tomaten abspülen, abtrocknen, halbieren und die Stängelansätze herausschneiden. Die Tomaten in Scheiben schneiden. Die Gurke abspülen, abtrocknen und die Enden abschneiden. Gurke mit der Schale in dünne Scheiben schneiden. Etwa 20 Gurkenscheiben beiseitelegen.

2. Die Zwiebel abziehen, zuerst in dünne Scheiben schneiden, dann in Ringe teilen. Paprikaschoten halbieren, entstielen, entkernen und die weißen Scheidewände entfernen. Schoten abspülen, abtropfen lassen und in kleine Stücke schneiden.

3. Eisbergsalat putzen, abspülen und gut abtropfen lassen. 8 Salatblätter lösen und je 2 Blätter servierschalenartig ineinanderlegen. Restlichen Eisbergsalat in feine Streifen schneiden.

4. Essig mit Olivenöl verschlagen, mit Salz, Pfeffer und 1 Prise Zucker würzen. Salatsauce mit Tomaten-, Gurkenscheiben, Zwiebelringen, Eisbergsalatstreifen und Oliven vermischen. Den Salat in den Eisbergschälchen anrichten.

5. Toastbrötchen toasten. In der Zwischenzeit Minzeblätter abspülen, trocken tupfen und klein schneiden. Quark mit Salz und Pfeffer würzen, Minze unterrühren.

6. Die Haut von dem Hähnchen entfernen. Hähnchenfleisch vom Knochen lösen und in Streifen schneiden.

7. Die Toastbrötchen waagerecht durchschneiden. Die unteren Brötchenhälften mit Minzequark bestreichen.

8. Die Hähnchenstreifen und beiseitegelegten Gurkenscheiben darauf verteilen. Obere Toastbrötchenhälften darauflegen und mit dem Salat servieren.

TIPP:

Statt des gebratenen halben Hähnchens können Sie auch 400 g frisches Hähnchenbrustfilet mit Küchenpapier abtupfen und in Streifen schneiden. Mit Salz und Pfeffer würzen. Die Hähnchenbrustfiletstreifen in einer Pfanne in erhitztem Speiseöl von allen Seiten in 8–10 Minuten bei mittlerer Hitze goldbraun braten. Für den Salat können Sie auch rote oder grüne Paprikaschoten verwenden und den Eisbergsalat durch Chinakohl ersetzen.

TOFUSCHNITTEN MIT NUSS- ZWIEBEL-KRUSTE

- Zubereitungszeit: 10 Minuten, ohne Ziehzeit
  Überbackzeit: etwa 15 Minuten
- Vegetarisch

ZUTATEN FÜR 4 PORTIONEN

4 Stücke abgetropfter Tofu (je 125 g)
2–3 EL Sojasauce
4 EL Sojaöl
gem. Pfeffer
nach Belieben 1 Prise geschroteter Chili und/oder Curry
1 große Fleischtomate
80 g Nuss-Mix (z. B. Haselnusskerne, Mandeln, Walnuss-, Cashewkerne)
2–3 EL Röstzwiebeln
2 mittelgroße Salatgurken (je etwa 350 g)
Salz
1 kleine rote Zwiebel
2 EL Zitronensaft (z B. aus der Flasche)

PRO PORTION:

E: 16 g, F: 29 g, Kh: 9 g, kcal: 373

1. Den Backofen vorheizen
Ober-/Unterhitze: etwa 200 °C
Heißluft: etwa 180 °C

2. Tofustücke nebeneinander in eine flache Auflaufform legen. Zunächst Sojasauce, dann 2 Esslöffel Öl darüberträufeln. Mit Pfeffer, Chili und/oder Curry bestreuen. Tomate abspülen, abtrocknen, den Stängelansatz herausschneiden. Tomate in Scheiben schneiden und auf den Tofustücken verteilen.

3. Nüsse hacken und auf den Tomatenscheiben verteilen. Zwiebeln darüberstreuen. Die Form auf dem Rost in den vorgeheizten Backofen schieben. Die Tofuschnitten 15 Minuten knusprig überbacken.

4. Inzwischen die Gurken schälen, in feine Scheiben hobeln, mit ½ Teelöffel Salz in einer Schüssel mischen, kurz ziehen lassen.

5. Zwiebel abziehen, halbieren und in feine Ringe schneiden. Pfeffer, restliches Öl und Zitronensaft unter die Gurkenscheiben mischen. Zwiebelringe darüberstreuen.

6. Tofu und Gurkensalat anrichten.

TIPPS:

Dazu passt z. B. knuspriges Baguette oder Zwiebelbaguette. Die Tofuscheiben können Sie schon am Abend vorher marinieren und fertig belegt in eine Auflaufform geben. Mit Folie bedeckt im Kühlschrank aufbewahren. Am nächsten Tag im Backofen knusprig backen.

REZEPTVARIANTE:

Die Tofuscheiben schmecken auch mit gerösteten, gesalzenen Erdnusskernen oder Chili-Nussmix aus der Snack-Packung sehr lecker.

TOMATENREIS MIT AUBERGINEN

- Zubereitungszeit: etwa 25 Minuten , ohne Ziehzeit
+ Vegan

ZUTATEN FÜR 3 PORTIONEN

250 g Reis
1 Aubergine (etwa 400 g)
1 Knoblauchzehe
3 EL Olivenöl
1 Zwiebel
2 Stangen Lauch
2 EL Tomatenmark
400 g stückige Tomaten (aus der Dose)
100 ml Kochflüssigkeit (von dem Reis)
gem. Pfeffer
½ Bund glatte Petersilie

PRO PORTION:

E: 9 g, F: 9 g, Kh: 57 g, kcal: 344

1. Wasser in einem Topf zum Kochen bringen, dann Salz und Reis hinzufügen. Den Reis zugedeckt bei mittlerer Hitze nach Packungsanleitung garen. Den gegarten Reis abgießen, dabei 100 ml von der Kochflüssigkeit auffangen. Reis warm halten.

2. In der Zwischenzeit Aubergine abspülen, abtrocknen und den Stängelansatz entfernen. Aubergine in etwa ½ cm große Würfel schneiden, mit 1 Teelöffel Salz bestreuen und einige Minuten ziehen lassen.

3. Knoblauch abziehen und in kleine Würfel schneiden. Olivenöl in einem Topf erhitzen. Knoblauch- und Auberginenwürfel darin andünsten.

4. Zwiebel abziehen und in kleine Würfel schneiden. Lauch putzen, die Stangen längs halbieren, gründlich waschen, abtropfen lassen und in feine Streifen schneiden. Zwiebelwürfel und Lauchstreifen zu den Auberginenwürfeln geben und mitdünsten lassen. Tomatenmark hinzugeben.

5. Stückige Tomaten sowie die Kochflüssigkeit zu dem Gemüse in den Topf geben und kurz mitdünsten.

6. Den warm gestellten Reis unterheben. Mit Salz und Pfeffer kräftig würzen. Tomatenreis zugedeckt bei schwacher Hitze etwa 2 Minuten ziehen lassen.

7. Petersilie abspülen und trocken tupfen. Die Blättchen von den Stängeln zupfen, Blättchen klein schneiden. Den Tomatenreis mit klein geschnittener Petersilie bestreut servieren.

TOMATENSUPPE

Zubereitungszeit: 10 Minuten
Garzeit: etwa 15 MInuten
+ Vegan

ZUTATEN FÜR 4 PORTIONEN

2 Zwiebeln
2 Knoblauchzehen
2 EL Olivenöl
800 g Tomaten (aus der Dose)
500 ml heiße Gemüsebrühe
1 Lorbeerblatt
1 Prise Zucker
Salz, gem. Pfeffer
Cayennepfeffer
gerebelter Oregano
einige Basilikumblättchen

PRO PORTION:

E: 4 g, F: 10 g, Kh: 12 g, kcal: 166

1. Zwiebeln und Knoblauch abziehen und fein würfeln.

2. Das Olivenöl in einem Topf erhitzen. Zwiebel- und Knoblauchwürfel darin andünsten.

3. Tomaten, Gemüsebrühe und Lorbeerblatt hinzugeben, mit Zucker, Salz, Pfeffer, Cayennepfeffer und Oregano würzen.

4. Die Tomatensuppe zum Kochen bringen und zugedeckt etwa 15 Minuten bei schwacher Hitze kochen lassen.

5. Das Lorbeerblatt entfernen. Die Suppe mit einem Stabmixer pürieren. Tomatensuppe nochmals aufkochen lassen und mit den Gewürzen abschmecken.

6. Die Basilikumblättchen abspülen und trocken tupfen. Die Tomatensuppe in tiefen Tellern oder Suppentassen verteilen und mit den Basilikumblättchen bestreut servieren. Nach Belieben etwas frisch gemahlenen Pfeffer auf die Suppe geben.

TIPP:

Dazu schmeckt Ciabatta. Geben Sie einige kleine Mozzarella-Kugeln oder Olivenscheiben in die Suppe. Wer Fleisch mag, bestreut die Suppe mit feinen Streifen von Parmaschinken und geriebenem Parmesan.

TORTELLINI MIT WALNUSSKERNEN

Zubereitungszeit: 20 Minuten
+ Vegetarisch

ZUTATEN FÜR 4 PORTIONEN

200 g Walnusskerne
2–3 Knoblauchzehen
3 Stängel Majoran
Salz
500 g grüne Tortellini, z. B. mit Spinatfüllung
2 EL Olivenöl
150 g Schlagsahne
100 ml Gemüsebrühe
30 g ger. Parmesan
Salz, gem. Pfeffer

PRO PORTION:

E: 21 g, F: 57 g, Kh: 46 g, kcal: 784

1. Das Wasser in einem großen Topf zugedeckt zum Kochen bringen. Zwischenzeitlich 150 g der Walnusskerne in einem Mixer oder mit einem Pürierstab grob pürieren. Knoblauch abziehen und in kleine Würfel schneiden. Majoran abspülen und trocken tupfen. Die Blättchen von den Stängeln zupfen.

2. Salz und Tortellini ins kochende Wasser geben. Die Tortellini im geöffneten Topf bei mittlerer Hitze nach Packungsanleitung bissfest kochen, dabei gelegentlich umrühren.

3. In der Zwischenzeit das Olivenöl in einer großen Pfanne erhitzen. Knoblauchwürfel und ein Drittel der Majoranblättchen darin andünsten. Gehackte und ganze Walnusskerne hinzufügen, kurz miterhitzen. Sahne und Brühe hinzugießen, unterrühren und erhitzen. Parmesan ebenfalls unterrühren. Die Sauce mit Salz und Pfeffer würzen.

4. Die gegarten Tortellini in ein Sieb geben und tropfnass in eine vorgewärmte Schüssel geben. Die Walnusssauce daraufgeben und vorsichtig unter die Tortellini mischen. Tortellini mit Walnusskernen auf Tellern anrichten und mit den restlichen Majoranblättchen bestreuen. Sofort servieren.

TIPP:

Sie können statt der Schlagsahne die gleiche Menge Crème fraîche oder Frischkäse verwenden.

TORTILLA-PIZZA MIT BACON

Zubereitungszeit: 30 Minuten
Backzeit: etwa 3 Minuten je Backblech

ZUTATEN FÜR 6 STÜCK

ZUM VORBEREITEN:

6 Wraps (Tortilla-Weizenmehl-Fladen, Ø 22 cm)

FÜR DEN BELAG:

6 EL Mango-Chutney (aus dem Glas)
3–6 TL Sambal Oelek
1 kleine rote Paprikaschote (150 g)
250 g Cocktailtomaten
125 g Cheddarkäse
60 g Bacon (Frühstücksspeck, etwa 5 Scheiben)
2 dünne Frühlingszwiebeln
30 g Rucola (Rauke)

PRO STÜCK:

E: 11 g, F: 11 g, Kh: 34 g, kcal: 287

1. Jeweils 2 Wrap-Fladen auf ein Stück Backpapier (in Backblechgröße) legen. Davon 1 Backpapier mit 2 Fladen auf ein Backblech ziehen.

2. Für den Belag Mango-Chutney mit Sambal Oelek verrühren. Die Fladen damit bestreichen.

3. Den Backofengrill der höchsten Stufe vorheizen.

4. Paprikaschote halbieren, entstielen, entkernen und die weißen Scheidewände entfernen. Schotenhälften abspülen, abtropfen lassen und in ½ cm große Stücke schneiden.

5. Tomaten abspülen, abtrocknen, halbieren und evtl. die Stängelansätze herausschneiden. Tomatenhälften nochmals halbieren.

6. Paprika- und Tomatenstücke gleichmäßig auf den Fladen verteilen.

7. Den Käse grob reiben. Die Pizzen damit bestreuen. Bacon in etwa 1 cm breite Streifen schneiden und auf den Pizzen verteilen.

8. Frühlingszwiebeln putzen, abspülen, abtropfen lassen und in sehr feine Scheiben schneiden. Rucola abspülen, gut abtropfen lassen oder trocken schleudern und evtl. etwas kleiner zupfen.

9. Das Backblech mit den ersten beiden Tortilla-Pizzen in den vorgeheizten Backofen schieben (Mitte). Die Pizzen in etwa 3 Minuten goldbraun backen.

10. Die heißen Pizzen mit Frühlingszwiebeln und Rucola bestreuen und servieren. Die restlichen Pizzen ebenso zubereiten.

TIPP:

Achten Sie beim Kauf darauf, dass das Mango-Chutney nicht zu große Stückchen enthält.

REZEPTVARIANTE:

Für einen **Tortilla-Flammkuchen „Elsässer Art“**: 6 Esslöffel Crème fraîche mit Salz und Pfeffer glatt rühren und die Fladen damit bestreichen. 1 kleine Stange Lauch putzen, längs halbieren, gründlich waschen, abtropfen lassen und in sehr feine Streifen schneiden. 60 g Kochschinken in etwa 1 cm breite Streifen schneiden. Die Fladen mit Lauch- und Schinkenscheiben belegen, mit etwas Salz und Pfeffer bestreuen, wie angegeben im Backofen grillen und dann servieren.

TORTILLA-SNACKS

- Zubereitungszeit: 20 Minuten, ohne Abkühlzeit
  Garzeit: etwa 8 Minuten
- + Vegetarisch

ZUTATEN FÜR 8 STÜCK

1 rote Paprikaschote (etwa 200 g)
1 kleines Bund Frühlingszwiebeln (etwa 125 g)
1 Knoblauchzehe
2 EL Olivenöl
Salz
gem. Pfeffer
4 Eier (Größe M)
3–4 Spritzer Tabasco

ZUSÄTZLICH:

8 kleine Holzspieße

PRO STÜCK:

E: 2 g, F: 3 g, Kh: 2 g, kcal: 37

1. Paprikaschote halbieren, entstielen, entkernen und die weißen Scheidewände entfernen. Schotenhälften abspülen, abtropfen lassen und in sehr feine Streifen schneiden. Frühlingszwiebeln putzen, abspülen, abtropfen lassen, in etwa 5 cm lange Stücke schneiden. 3–4 Stücke davon in feine Scheiben schneiden und beiseitelegen. Knoblauch abziehen, durch eine Knoblauchpresse drücken oder sehr fein hacken.

2. Von dem Öl 1 Esslöffel in einer Pfanne (Ø 20 cm) erhitzen. Die Paprikastreifen, Frühlingszwiebelstücke und den Knoblauch hineingeben und darin bei mittlerer Hitze in etwa 2 Minuten unter gelegentlichem Rühren andünsten. Das Gemüse mit Salz und Pfeffer würzen, aus der Pfanne nehmen und abkühlen lassen.

3. Die Eier mit Salz, Pfeffer und Tabasco verschlagen. Das restliche Öl in der Pfanne erhitzen. Die Eiermasse hineingeben und zugedeckt bei schwacher Hitze in etwa 8 Minuten garen, das Ei sollte vollständig gestockt sein.

4. Das Omelett aus der Pfanne nehmen und in 8 Tortenstücke schneiden. Auf jedes Stück am breiteren Ende die Paprikastreifen und die Frühlingszwiebelstücke gleichmäßig verteilen. Die Omelettspitzen jeweils über das Gemüse nach oben klappen und mit einem kleinen Holzspieß feststecken. Tortilla-Stücke auf einem Teller anrichten und mit den Frühlingszwiebelscheiben bestreuen.

TIPP:

Bei einem gemütlichen Tapas-Abend kann man die Tortilla-Snacks zusammen mit anderen typischen Tapas-Leckereien servieren.

TRAUBEN-APFEL-SALAT MIT KAPERN

- Zubereitungszeit: 15 Minuten, ohne Abkühl- und Durchziehzeit
- + Vegan

ZUTATEN FÜR 3 PORTIONEN

3 EL Sonnenblumenkerne
900 g kernlose helle Weintrauben
3 EL abgetropfte Kapern
3 große süßliche Äpfel, z. B. Red Delicious oder Royal Gala
1 ½ EL Apfelessig
Salz, gem. Pfeffer
Zucker
3 EL Sonnenblumenöl

PRO PORTION:

E: 7 g, F: 15 g, Kh: 68 g, kcal: 446

1. Die Sonnenblumenkerne in einer Pfanne ohne Fett unter Rühren goldbraun rösten, auf einen Teller geben und abkühlen lassen.

2. In der Zwischenzeit Weintrauben abspülen, abtropfen lassen und evtl. mit Küchenpapier trocken tupfen. Die Weintrauben entstielen, je nach Größe längs halbieren oder vierteln und mit den Kapern in einer Schüssel mischen.

3. Äpfel heiß abwaschen, abtrocknen, vierteln und das Kerngehäuse herausschneiden. Apfelviertel mit der Schale zuerst in Spalten, dann quer in Stücke schneiden. Die Apfelstücke, Sonnenblumenkerne, Weintrauben und Kapern in eine Schüssel geben und vorsichtig vermischen.

4. Apfelessig mit Salz, Pfeffer und Zucker verrühren, Sonnenblumenöl unterschlagen. Die Marinade über den Salat gießen. Den Salat gut durchziehen lassen.

5. Den Salat vor dem Servieren nochmals mit den Gewürzen abschmecken.

TIPP:

Sonnenblumenöl ist relativ neutral im Geschmack. Wer möchte, nimmt für ein intensiv herb-süßes Aroma ein Traubenkernöl oder für eine nussige Note ein Kürbiskern- oder Walnussöl.

WAFFELN MIT KÜRBIS UND APRIKOSEN-PESTO

Zubereitungszeit: 20 Minuten
+ Vegetarisch

ZUTATEN FÜR 6 WAFFELN

FÜR DEN SCHÜTTELTEIG:

75 g Maismehl, 75 g Weizenmehl
½ Pck. Backpulver
50 g brauner Zucker, 1 Prise Salz
2 Eier (Größe M)
1 EL Zitronensaft, 50 ml Kürbiskernöl
75 g Joghurt (3,5 % Fett)
150 g Buttermilch
100 g geraspeltes Kürbisfleisch

FÜR DAS APRIKOSEN-PESTO:

240 g gut abgetropfte Aprikosenhälften (aus der Dose)
2 EL feine Aprikosenkonfitüre (ohne Kerne und Fruchtstücke)
50 g gehackte Kürbiskerne
2 Stängel Minze oder Zitronenmelisse

PRO WAFFEL:

E: 9 g, F: 15 g, Kh: 38 g, kcal: 334

1. Für den Teig beide Mehlsorten mit Backpulver mischen, in eine verschließbare Schüssel (etwa 3 l) geben, mit Zucker und Salz mischen. Eier, Zitronensaft, Kürbiskernöl, Joghurt und Buttermilch hinzufügen. Die Schüssel mit dem Deckel fest verschließen.

2. Schüssel mehrmals kräftig schütteln (insgesamt 15–30 Sekunden), sodass alle Zutaten gut vermischt sind. Kürbisraspel hinzugeben. Alles mit einem Schneebesen oder Rührlöffel nochmals sorgfältig durchrühren, damit trockene Zutaten vom Rand und Deckel mit untergerührt werden.

3. Das Waffeleisen erhitzen und leicht fetten, dabei die Herstelleranleitung beachten.

4. Pro Waffel 2–3 Esslöffel Teig in das Waffeleisen geben und verstreichen. Die Waffeln goldbraun backen, mit einer Gabel oder einem Pfannenwender herausnehmen und einzeln auf einen Kuchenrost legen.

5. Für das Pesto die Aprikosenhälften sehr klein würfeln und mit der Konfitüre vermischen. Minze oder Melisse abspülen, trocken tupfen und die Blättchen von den Stängeln zupfen, Blättchen in Streifen schneiden. Kürbiskerne und die Minze- oder Melissestreifen unterrühren.

REZEPTVARIANTE:

Dazu schmeckt auch ein **süßes grünes Pesto.** Dafür ein 1 Bund Zitronenmelisse und 8 Stängel Pfefferminze abspülen, trocken tupfen und die Blättchen von den Stängeln zupfen. Blättchen klein schneiden und in einen hohen Rührbecher geben. 1 Esslöffel flüssigen Honig und 50 g geröstete Pinienkerne hinzufügen. Die Zutaten pürieren. Nach und nach 2 Esslöffel Walnussöl hinzufügen und alles zu einem cremigen Pesto verarbeiten. Zuletzt abgeriebene Schale und 2-3 Teelöffel Saft einer ½ Bio-Zitrone (unbehandelt, ungewachst) hinzufügen und 20 g geriebene weiße Schokolade untermixen.

WEISSWURST-GRÖSTL-BURGER

Zubereitungszeit: 15 Minuten

ZUTATEN FÜR 6 PORTIONEN

300 g fertig gekaufter Krautsalat
(z. B. aus der Frische- oder Kühltheke)
6 Weißwürste
1 TL Sonnenblumenöl
3 TL körniger Senf
6 EL Röstzwiebeln
6 Laugengebäck-Stangen
evtl. etwas Butter

PRO PORTION:

E: 15 g, F: 23 g, Kh: 48 g, kcal: 475

1. Krautsalat gut abtropfen lassen. Weißwürste aus den Hüllen lösen, in Scheiben schneiden.

2. Öl in einer beschichteten Pfanne erhitzen. Die Wurstscheiben darin unter Wenden zartbraun anbraten. Den Senf untermischen und die Zwiebeln darüberstreuen.

3. Laugenstangen waagerecht aufschneiden. Untere Hälften nach Belieben mit etwas Butter bestreichen. Krautsalat zusätzlich mit Händen ausdrücken, auf den unteren Laugenstangen-Hälften verteilen. Wurst-Mischung darauf verteilen. Die oberen Laugenstangen-Hälften auflegen. Stangen schräg halbieren und servieren.

TIPP:

Auch für ein Mini-Büffet eine prima Idee: Wenn Sie Gäste zum Wein-Abend oder Weißbier-Abend eingeladen haben, einfach Weisswurst-Gröstl-Mischung in einer großen Pfanne servieren. Dazu kann sich jeder beim Krautsalat und dem Laugengebäck bedienen und sich seinen Weisswurst-Burger selbst zusammenstellen.

WIENER SCHNITZEL

Zubereitungszeit: 15 Minuten

ZUTATEN FÜR 4 PORTIONEN

4 Kalbsschnitzel (je etwa 120 g, aus der Oberschale) oder 8 kleine Schnitzel (je etwa 60 g)
Salz
gem. Pfeffer
2 Eier (Größe M)
2 EL Schlagsahne
50 g Weizenmehl
150 g Semmelbrösel
200 g Butterschmalz oder Margarine
4 Bio-Zitronenscheiben

PRO PORTION:

E: 30 g, F: 15 g, Kh: 23 g, kcal: 347

1. Die Schnitzel mit Küchenpapier abtupfen. Die Schnitzel etwas dünner klopfen, mit Salz und Pfeffer würzen.

2. Die Eier mit der Sahne in einem tiefen Teller schaumig schlagen. Schnitzel zunächst in Mehl wenden, überschüssiges Mehl abklopfen, dann durch die Eiersahne ziehen, am Schüsselrand abstreifen und zuletzt in Semmelbröseln wenden. Panade leicht andrücken.

3. Butterschmalz oder Margarine evtl. portionsweise in einer großen Pfanne gut erhitzen. Die Schnitzel darin leicht schwimmend von jeder Seite je nach Größe 2–3 Minuten braten.

4. Anschließend die Schnitzel herausnehmen und auf Küchenpapier abtropfen lassen.

5. Die Schnitzel mit Zitronenscheiben anrichten.

TIPP:

Die Panade nicht zu fest andrücken, damit sie schön locker wird und sich beim Braten leicht wellt. Die Kalbsschnitzel können Sie durch Schweineschnitzel ersetzen. Diese dann 3–4 Minuten braten.

BEILAGE:

Dazu Bratkartoffeln oder Kartoffelsalat und grünen Blattsalat servieren.

WINTERSALATE MIT BIRNEN, UND WALNUSSKERNEN

Zubereitungszeit: 30 Minuten
+ Vegetarisch

ZUTATEN FÜR 4 PORTIONEN

1 Kopf Radicchio
2 Köpfe Chicorée
1 kleiner Kopf Friséesalat
200 g Feldsalat
2 Birnen
20 rote Weintrauben
80 g Walnusskernhälften

3 EL Himbeeressig
1 TL körniger Senf
1 EL flüssiger Honig
Salz, gem. Pfeffer
6 EL Olivenöl

200 g Gorgonzola-Mascarpone (aus dem Kühlregal)

PRO PORTION:

E: 8 g, F: 50 g, KH: 21 g, kcal: 577

1. Radicchio und Chicorée putzen, vierteln, abspülen, trocken tupfen und grob zerschneiden. Friséesalat putzen, abspülen und trocken tupfen. Von dem Feldsalat die Wurzelenden abschneiden. Schlechte Blätter entfernen. Feldsalat mehrmals gründlich waschen, trocken tupfen oder trocken schleudern. Friséesalat in mundgerechte Stücke zupfen.

2. Die Birnen abspülen, abtrocknen, vierteln und entkernen. Birnenviertel mit der Schale in Spalten schneiden. Weintrauben abspülen, trocken tupfen und entstielen. Weintrauben halbieren.

3. Die Walnusskerne in einer Pfanne ohne Fett unter Rühren rösten, bis sie anfangen zu duften. Walnusskerne grob hacken.

4. Für die Sauce Himbeeressig mit Senf und Honig verrühren, mit Salz und Pfeffer würzen, Olivenöl unterschlagen.

5. Den vorbereiteten Salat in eine große Schüssel geben. Mit Salz und Pfeffer würzen und mit dem Dressing vermischen. Birnenspalten, Weintraubenhälften und Walnusskerne unterheben. Den Salat auf 4 Tellern verteilen und sofort servieren.

6. Mit einem Löffel jeweils ein Stück Gorgonzola-Mascarpone daraufgeben.

WIRSING IN ORANGENRAHM MIT SCHNITZELCHEN

Zubereitungszeit: 25 Minuten

ZUTATEN FÜR 2 PORTIONEN

2 Zwiebeln
700 g junger Wirsing
2 EL Sonnenblumenöl
Salz, gem. Pfeffer
¼ TL Gemüsebrühenpulver
etwa 2 TL mittelscharfer Senf
150 g Sahne zum Kochen (7 % Fett)
150 ml Orangensaft
200 g Minuten-Schnitzelchen

PRO PORTION:

E: 32 g, F: 14 g, Kh: 21 g, kcal: 341

1. Zwiebeln abziehen und in kleine Würfel schneiden. Wirsing putzen, vierteln und den Strunk herausschneiden. Wirsingviertel abspülen, abtropfen lassen und in etwa 2 cm dicke Spalten schneiden. Dabei die harten Blattrippen entfernen.

2. Einen Esslöffel Sonnenblumenöl in einem Topf erhitzen, Zwiebelwürfel darin andünsten. Wirsingspalten hinzugeben und von beiden Seiten anbraten, mit Salz, Pfeffer und Gemüsebrühenpulver würzen.

3. Senf mit Sahne und Orangensaft verschlagen, zu den Wirsingspalten in den Topf geben, zum Kochen bringen und zugedeckt etwa 10 Minuten bei schwacher Hitze dünsten.

4. In der Zwischenzeit Schnitzelchen mit Küchenpapier abtupfen, mit Salz und Pfeffer würzen. Restliches Sonnenblumenöl in einer beschichteten Pfanne erhitzen. Die Schnitzelchen darin von beiden Seiten braun braten.

5. Den Wirsing nochmals mit den Gewürzen abschmecken und mit den Schnitzelchen anrichten.

BEILAGE:

Dazu Salzkartoffeln oder Roggenmischbrot servieren.

WIRSINGSUPPE MIT KRÄUTER-PESTO

Zubereitungszeit: 20 MInuten
Garzeit: etwa 28 Minuten

ZUTATEN FÜR 4 PORTIONEN

1,3 l heißes Wasser
2 EL körnige Brühe (Instant)
1 Lorbeerblatt, 2 Gewürznelken
2 Pimentkörner
1 Zwiebel
Salz, gem. Pfeffer
1 Hähnchenbrust mit Knochen (etwa 500 g)
1 mittelgroßer Kohlrabi (etwa 450 g)
3 Möhren (etwa 300 g)
1 kleiner Wirsing (etwa 500 g)
125 g Suppennudeln, z. B. Mini-Muschelnudeln

FÜR DAS PESTO:

1 großes Bund glatte Petersilie
6 EL Olivenöl
2 EL Brühe (von der Suppe)
1 TL abgeriebene Schale von 1 Bio-Zitrone
2 EL ger. Parmesan

PRO PORTION:

E: 39 g, F: 21 g, Kh: 34 g, kcal: 478

1. Für die Suppe heißes Wasser, Brühe, Lorbeerblatt, Gewürznelken und Pimentkörner in einem Topf zum Kochen bringen. Zwiebel abziehen, in Spalten schneiden und hinzugeben. Mit 1 ½ gestrichenen Teelöffeln Salz und Pfeffer würzen.

2. Hähnchenbrust mit Küchenpapier abtupfen und in die kochende Brühe geben. Die Hähnchenbrust etwa 20 Minuten bei schwacher Hitze kochen lassen.

3. In der Zwischenzeit Kohlrabi schälen, abspülen und abtropfen lassen. Möhren putzen, schälen und abtropfen lassen. Kohlrabi und Möhren

in kleine Stücke schneiden. Kohlrabi- und Möhrenstücke nach etwa 10 Minuten Garzeit der Hähnchenbrust in die Brühe geben und mitgaren lassen.

4. Wirsing putzen, halbieren und den Strunk herausschneiden. Kohlhälften abspülen, abtropfen lassen, in grobe Streifen schneiden. Kohlstreifen und Nudeln in die Suppe geben, wieder zum Kochen bringen und weitere etwa 8 Minuten mitgaren lassen.

5. Die Hähnchenbrust mit einer Schaumkelle aus der Brühe nehmen und kurz abkühlen lassen. Das Fleisch von den Knochen lösen und die Haut entfernen. Das Fleisch in Scheiben schneiden, in die Suppe geben und nochmals kurz erhitzen. Von der Brühe etwa 2 Esslöffel abnehmen.

6. Für das Pesto Petersilie abspülen und trocken tupfen. Die groben Stiele abschneiden. Petersilie, Olivenöl, Brühe und Zitronenschale in einen hohen Rührbecher geben und mit einem Stabmixer pürieren. Parmesan unterrühren. Pesto mit Salz und Pfeffer würzen.

7. Die Suppe mit den Fleischscheiben in tiefen Tellern anrichten. Das Kräuter-Pesto nach Geschmack daraufgeben oder dazureichen.

WURST-KÄSE-SALAT

Zubereitungszeit: 15 Minuten

ZUTATEN FÜR 4 PORTIONEN

250 g Zwiebeln
250 g Emmentaler-Käse
350 g Fleischwurst
75 g abgetropfte Gewürzgurken (aus dem Glas)

FÜR DIE SAUCE:

2 EL Weißweinessig
2 EL Wasser
1 TL mittelscharfer Senf
Salz
gem. Pfeffer
Zucker
4 EL Speiseöl, z. B. Sonnenblumenöl
1 EL Schnittlauchröllchen

PRO PORTION:

E: 28 g, F: 52 g, Kh: 4 g, kcal: 588

1. Zwiebeln abziehen, zunächst in Scheiben schneiden, dann in Ringe teilen. Zwiebelringe in kochendem Wasser etwa 2 Minuten blanchieren, dann in ein Sieb geben und abtropfen lassen.

2. Emmentaler entrinden und in Streifen schneiden. Die Fleischwurst enthäuten. Fleischwurst und Gewürzgurken in Scheiben schneiden, Wurstscheiben evtl. halbieren.

3. Für die Sauce Essig mit Wasser, Senf, Salz, Pfeffer und Zucker verrühren. Das Speiseöl unterschlagen. Die Salatzutaten mit der Sauce vermengen und den Wurst-Käse-Salat mit Schnittlauchröllchen bestreut servieren.

TIPP:

Den Wurst-Käse-Salat als kleine Mahlzeit mit Laugenbrötchen oder -brezeln oder als Partysalat servieren. Sie können den Salat auch mit Geflügelfleischwurst oder Kasseler zubereiten. Der Salat schmeckt gut durchgezogen noch besser.

WURSTSALAT MIT MOZZARELLA-KUGELN

Zubereitungszeit: 15 Minuten, ohne Durchziehzeit

ZUTATEN FÜR 4 PORTIONEN

300 g feine Geflügel-Fleischwurst (im Stück oder als Aufschnittscheiben)
200 g abgetropfte Mini-Mozzarella-Kugeln
1 Bund Radieschen
265 g abgetropfter Gemüsemais (aus der Dose)

FÜR DIE VINAIGRETTE:

½ Bund glatte Petersilie
1 Bund Schnittlauch
75 ml Gemüsebrühe
4 EL Weißweinessig
1 EL körniger Senf
Salz
evtl. 1 Prise gem. Piment
4 EL Olivenöl

PRO PORTION:

E: 22 g, F: 35 g, Kh: 11 g, kcal: 450

1. Von der Fleischwurst die Pelle abziehen. Fleischwurst in feine Scheiben oder Streifen schneiden. Mozzarella-Kugeln evtl. halbieren.

2. Radieschen putzen, abspülen, abtropfen lassen und in Scheiben schneiden. Radieschenscheiben und Mais in eine Salatschüssel geben. Die Wurstscheiben oder -streifen und Mozzarella untermischen.

3. Für die Vinaigrette Petersilie und Schnittlauch abspülen und trocken tupfen. Von der Petersilie die Blättchen von den Stängeln zupfen. Blättchen klein schneiden. Schnittlauch in feine Röllchen schneiden.

4. Die Gemüsebrühe mit Essig, Senf, 1 Prise Salz und evtl. Piment in einer Schüssel verrühren, Olivenöl unterschlagen. Petersilie und Schnittlauchröllchen unterrühren. Die Vinaigrette zu den Salatzutaten in die Schüssel geben und untermischen. Den Wurstsalat etwa 10 Minuten durchziehen lassen.

TIPP:

Für alle, die nicht so gerne Fleisch essen: Sie können die Wurst durch etwa 250 g frische Champignons ersetzen. Dafür Champignons putzen, evtl. kurz abspülen, trocken tupfen und nach Belieben halbieren. 2 Esslöffel Speiseöl in einer Pfanne erhitzen. Die Champignons darin anbraten, herausnehmen, mit etwas Zitronensaft beträufeln und zum Salat geben.

ZANDER AUF DEM FENCHELBETT

- Zubereitungszeit: 20 Minuten
  Garzeit: 15–20 Minuten
- Laktosefrei

ZUTATEN FÜR 4 PORTIONEN

2 Fenchelknollen (je etwa 200 g)
200 g Cocktailtomaten
1 Zucchini (etwa 200 g)
8 Stängel Zitronenthymian
Salz
gem. Pfeffer
Saft von 1 Limette
evtl. etwas Knoblauchpulver oder
1 abgezogene Knoblauchzehe
4 kleine Zanderfilets (je etwa 130 g)
evtl. einige Spalten von 1 Bio-Limette
(unbehandelt, ungewachst)

ZUSÄTZLICH:

4 Auflaufförmchen

PRO PORTION:

E: 28 g, F: 5 g, Kh: 5 g, kcal: 178

1. Den Backofen vorheizen.
Ober-/Unterhitze: etwa 220 °C
Heißluft: etwa 200 °C

2. Die Fenchelknollen putzen, abspülen, abtropfen lassen, Fenchelgrün beiseitelegen. Knollen längs halbieren und anschließend quer in Streifen schneiden.

3. Die Tomaten abspülen, abtrocknen, halbieren und evtl. die Stängelansätze herausschneiden. Zucchini abspülen, abtrocknen und die Enden abschneiden. Zucchini längs vierteln, dann quer in schmale Stücke schneiden.

4. Zitronenthymian abspülen und trocken tupfen. Die Blättchen von den Stängeln zupfen. Etwa 4 Stängel zum Garnieren beiseitelegen.

5. Die Fenchelstreifen mit den Tomatenhälften und Zucchinistücken in einer Schüssel gut vermischen. Die Gemüsemischung mit den Thymianblättchen, Salz, Pfeffer und der Hälfte des Limettensaftes würzen.

6. Gemüse nach Belieben zusätzlich mit Knoblauchpulver oder 1 zerdrückten Knoblauchzehe würzen.

7. Die Zanderfilets kurz unter fließend kaltem Wasser abspülen und trocken tupfen.

8. Zanderfilets mit Salz und Pfeffer würzen, mit dem restlichen Limettensaft beträufeln.

9. Die Gemüsemischung in 4 feuerfeste Auflaufförmchen (gefettet) geben und die Zanderfilets darauflegen.

10. Auflaufförmchen auf dem Rost in den vorgeheizten Backofen schieben. Die Zanderfilets 15–20 Minuten garen.

11. Zanderfilets mit dem beiseitegelegten Fenchelgrün, den Thymianstängeln und evtl. den Limettenspalten garnieren.

TIPP:

Wenn Sie keinen Zitronenthymian bekommen, können Sie ebenso gut Thymian verwenden. Sie können auch tiefgekühlte Zanderfilets verwenden. Diese müssen nur so lange angetaut werden, dass sie sich voneinander lösen lassen. Sie können das Gericht auch in einer großen Auflaufform zubereiten. Die Garzeit ändert sich dadurch nicht.

BEILAGE:

Dazu schmecken Salzkartoffeln.

ZARTWEIZENSALAT MIT KROSSEM SPECK

Zubereitungszeit: 25 Minuten, ohne Abkühlzeit

ZUTATEN FÜR 4 PORTIONEN

125 g Zartweizen
2 mittelgroße Tomaten
4 getrocknete Tomaten, in Öl eingelegt
2 Frühlingszwiebeln
5–6 Stängel Basilikum
2 EL kleine rotbraune Oliven, ohne Stein
3 EL Olivenöl (oder abgetropftes Öl von den eingelegten Tomaten)
Salz
frisch gem. Pfeffer
4 Scheiben Südtiroler Speck (oder Frühstücksspeck, etwa 55 g)

PRO PORTION:

E: 15 g, F: 19 g, Kh: 55 g, kcal: 451

1. Zartweizen nach Packungsanleitung zubereiten und erkalten lassen.

2. Tomaten abspülen, abtrocknen, vierteln und die Stängelansätze herausschneiden. Tomaten entkernen. Das Fruchtfleisch würfeln.

3. Getrocknete Tomaten in einem Sieb abtropfen lassen, dabei das Öl auffangen. Tomaten in feine Streifen schneiden.

4. Frühlingszwiebeln putzen, abspülen, abtropfen lassen und in Ringe schneiden. Basilikum abspülen, trocken tupfen und die Blättchen von den Stängeln zupfen. Einige Blättchen zum Garnieren beiseitelegen. Die restlichen Blättchen fein schneiden.

5. Den Zartweizen mit Tomatenwürfeln, getrockneten Tomatenstreifen, Frühlingszwiebelringen, fein geschnittenen Basilikumblättchen, Oliven und 2 Esslöffeln vom Olivenöl (oder aufgefangenem Öl) vermischen. Salat mit Salz und Pfeffer abschmecken.

6. Das restliche Olivenöl in einer kleinen Pfanne erhitzen. Die Speckscheiben darin kross braten, dann aus der Pfanne nehmen und kurz auf Küchenpapier legen. Den Salat mit Speckscheiben und den Basilikumblättchen anrichten und servieren.

TIPP:

Südtiroler Speck ist ein roher, leicht geräucherter Schinken. Statt mit Zartweizen schmeckt der Salat auch mit Langkornreis sehr gut.

ZAZIKI

Zubereitungszeit: 15 Minuten
+ Vegetarisch

ZUTATEN FÜR 5 PORTIONEN

250 g Joghurt (10 % Fett)
250 g Magerquark
2 EL Zitronensaft, 2 EL Olivenöl
½ Salatgurke (etwa 200 g)
2–3 Knoblauchzehen
½ TL Salz, gem. weißer Pfeffer

einige schwarze Oliven

PRO PORTION:

E: 9 g, F: 11 g, Kh: 5 g, kcal: 155

1. Joghurt, Quark, Zitronensaft und Olivenöl in eine Rührschüssel geben und glatt rühren.

2. Die Gurke schälen, der Länge nach halbieren und die Kerne mit einem Löffel herauskratzen. Dann die Gurke auf der Haushaltsreibe grob raspeln. Gurkenraspel zur Joghurt-Quark-Masse in die Rührschüssel geben.

3. Knoblauch abziehen und durch eine Knoblauchpresse direkt in die Rührschüssel drücken. Die Gurkenraspel und Knoblauch gut unterrühren. Zaziki mit Salz und Pfeffer würzen und abschmecken. Zaziki bis zum Servieren zugedeckt in den Kühlschrank stellen.

4. Zaziki vor dem Servieren in eine hübsche Schüssel umfüllen. Die Oliven in einem kleinen Schälchen dazustellen.

TIPP:

Je länger Zaziki steht, desto intensiver und schärfer wird der Geschmack. Zaziki nach Belieben mit einigen Gurkenraspeln garnieren.

BEILAGE:

Zaziki mit frischem Fladenbrot servieren.

ZIEGENFRISCHKÄSE MIT WALNUSSKROKANT

● Zubereitungszeit: 30 Minuten, ohne Kühlzeit
+ Vegetarisch

ZUTATEN FÜR 6 PORTIONEN

FÜR DEN KROKANT:

50 g Walnusskerne
1 TL Butter
40 g Zucker

FÜR DEN ZIEGENFRISCHKÄSE:

2 gute Handvoll Portulak
150 g Ziegenfrischkäse
Salz
gem. Pfeffer
4 EL Olivenöl

PRO PORTION:

E: 3 g, F: 19 g, Kh: 8 g, kcal: 211

1. Für den Krokant Walnusskerne fein hacken. Butter und Zucker in einem Topf bei schwacher Hitze zerlassen. Die Walnusskerne hinzugeben und unter Rühren goldbraun rösten. Die Masse auf Backpapier streichen und erkalten lassen.

2. Die Krokantmasse mit einem Fleischklopfer oder einer Teigrolle zerkleinern. Den Krokant in eine flache Schale geben.

3. Portulak abspülen und gut abtropfen lassen oder in einer Salatschleuder vorsichtig trocken schleudern. Die Blätter von den Stängeln zupfen. Ein Drittel der Blätter klein schneiden. Klein geschnittenen Portulak mit Ziegenfrischkäse in eine Schüssel geben und mit einer Gabel vermengen. Die Masse mit Salz und Pfeffer würzen.

4. Aus der Masse kleine kirsch- bis walnussgroße Kugeln formen. Die Käsekugeln in dem Krokant hin und her rollen, sodass sie von dem Krokant umschlossen sind. Die Kugeln zum Festwerden in den Kühlschrank legen.

5. Restliche Portulakblätter auf 4 Tellern oder einer Platte anrichten. Mit den Ziegenkäsekugeln belegen und mit Olivenöl beträufeln.

TIPP:

Schneller geht es, wenn Sie fertigen Krokant kaufen (Haselnusskrokant).

ZIEGENKÄSE VOM GRILL

Zubereitungszeit: 15 Minuten, ohne Ruhezeit
Grillzeit: etwa 10 Minuten

ZUTATEN FÜR 4 PORTIONEN (ERGIBT 12 PÄCKCHEN)

12 dünne Scheiben Bacon (Frühstücksspeck)
300 g Ziegenfrischkäse (2 Rollen je 150 g)
12 kleine Salbeiblättchen oder
12 Rosmarinspitzen
einige Rucola- oder Friséesalatblätter
etwas Honig oder Crema di Balsamico
gem. Pfeffer

PRO PORTION:

E: 8 g, F: 26 g, Kh: 3 g, kcal: 282

1. Die Baconscheiben quer halbieren und über Kreuz auf die Arbeitsfläche legen.

2. Die Ziegenfrischkäserollen mit einem dünnen Messer in insgesamt 12 Scheiben schneiden. Jeweils 1 Scheibe davon auf den Bacon legen, abgespülte, trocken getupfte Salbeiblättchen oder Rosmarinspitzen darauflegen und den Bacon um den Käse wickeln.

3. Ziegenkäse im Speckmantel auf dem heißen Grillrost (gefettet) bei mittlerer Hitze etwa 10 Minuten grillen. Dabei nach der Hälfte der Zeit das Käsepäckchen einmal vorsichtig wenden. Kann man den Grill verschließen, müssen die Päckchen nicht gewendet werden.

4. Zum Servieren eine Platte mit abgespülten, trocken getupften Rucola- oder Friséesalatblättern belegen. Die Käsepäckchen darauf anrichten. Mit Honig oder Crema di Balsamico beträufeln. Mit frisch gemahlenem Pfeffer würzen.

ZITRONEN-PARMESAN-SUPPE

Zubereitungszeit: 25 Minuten
Garzeit: 15 Minuten

ZUTATEN FÜR 4 PORTIONEN

40 g Butter
2 EL Weizenmehl
1 l heiße Geflügelbrühe
200 g Schlagsahne
2 Bio-Zitronen
100 g Rucola (Rauke)
4 EL Olivenöl
Salz
4 EL ger. Parmesan
2 Hähnchenbrustfilets (etwa 300 g)
gem. Pfeffer

PRO PORTION:

E: 26 g, F: 40 g, Kh: 10 g, kcal: 509

1. Die Butter in einem Topf zerlassen. Das Mehl darin unter Rühren erhitzen, bis es hellgelb ist. Nach und nach die heiße Brühe unter Rühren hinzugießen. Dabei darauf achten, dass keine Klümpchen entstehen.

2. Die Brühe unter Rühren zum Kochen bringen. Die Sahne hinzugießen und unter gelegentlichem Rühren etwa 10 Minuten bei schwacher Hitze kochen.

3. In der Zwischenzeit die Zitronen heiß abwaschen, abtrocknen und die Schale abreiben. 1–2 Teelöffel der Zitronenschale zum Garnieren beiseitelegen. Zitrone halbieren und den Saft auspressen. Rucola verlesen und dicke Stiele entfernen. Rucola abspülen und trocken tupfen. Einige Rucolablättchen zum Garnieren beiseitelegen. Restliche Blättchen in Stücke zupfen und in einen Rührbecher geben. Olivenöl und 1 Prise Salz hinzugeben, mit einem Pürierstab pürieren. Die Zitronenschale, Parmesan und die Hälfte des Zitronensaftes in die Suppe geben und nochmals pürieren.

4. Die Hähnchenbrustfilets mit Küchenpapier abtupfen. Die Filets in etwa 2 cm große Würfel schneiden, mit Salz und Pfeffer würzen. Hähnchenfleischwürfel in die Suppe geben und etwa 5 Minuten bei schwacher Hitze gar ziehen lassen. Die Suppe nach Belieben nochmals mit Zitronensaft und Salz abschmecken.

5. Die Suppe in tiefen Tellern oder Suppentassen verteilen. Suppe mit jeweils 1 Esslöffel Rucolaöl, beiseitegelegten Rucolablättchen und der beiseitegelegten Zitronenschale garnieren und heiß servieren.

ZITRONEN-PASTA-SALAT

Zubereitungszeit: 25 Minuten
+ Vegetarisch

ZUTATEN FÜR 4 PORTIONEN

250 g Nudeln, z. B. Penne oder Rigatoni
60 g abgetropfte schwarze Oliven mit Stein, z. B. Kalamata
1 Bio-Zitrone
600 g Cocktailtomaten
4 Stängel Basilikum
3–4 EL Olivenöl
40 g abgetropfte Kapern
¼–½ EL Chiliflocken
Salz
200 ml Gemüsebrühe
20 g fein ger. Parmesan

PRO PORTION:

E: 12 g, F: 14 g, Kh: 50 g, kcal: 378

1. Das Wasser in einem großen Topf zugedeckt zum Kochen bringen. Dann Salz und Nudeln hinzugeben. Die Nudeln im geöffneten Topf bei mittlerer Hitze nach Packungsanleitung bissfest kochen, dabei gelegentlich umrühren.

2. In der Zwischenzeit die Oliven vom Stein schneiden. Die Zitrone heiß abwaschen, abtrocknen und die Schale mit einem Zestenreißer fein abziehen. Zitrone halbieren, den Saft auspressen und 4 Esslöffel davon abmessen.

3. Tomaten abspülen, abtrocknen, halbieren und die Stängelansätze herausschneiden. Basilikum abspülen und trocken tupfen. Die Blättchen von den Stängeln zupfen. Blättchen grob zerschneiden.

4. Olivenöl in einer großen Pfanne erhitzen. Tomatenhälften, Kapern, Oliven, Chiliflocken und Zitronenzesten darin etwa 1 Minute unter Rühren anbraten, mit Salz würzen. Die Zutaten mit dem abgemessenen Zitronensaft und der Gemüsebrühe ablöschen, zum Kochen bringen und auf die Hälfte einkochen lassen. Basilikum untermischen.

5. Die gegarten Nudeln in ein Sieb geben und gut abtropfen lassen.

6. Die vorbereiteten Salatzutaten mit den Nudeln mischen. Den Zitronen-Pasta-Salat mit Parmesan bestreuen und warm servieren.

ZUCCHINI-CARPACCIO MIT GEMÜSEVINAIGRETTE

Zubereitungszeit: 30 Minuten, ohne Marinierzeit
+ Vegan

ZUTATEN FÜR 2 PORTIONEN

ZUM VORBEREITEN:

2 Zucchini mit Blüte (etwa 160 g)

FÜR DIE GEMÜSEVINAIGRETTE:

60 g Möhren
60 g Knollensellerie
60 g Lauch
2 Schalotten
2 Knoblauchzehen
1 ½ EL Himbeeressig
3 EL Gemüsebrühe
3 EL mildes Olivenöl
Salz, gem. Pfeffer
Zucker

ZUSÄTZLICH:

2 EL Schnittlauchröllchen
einige Friséesalatblätter

PRO PORTION:

E: 3 g, F: 15 g, Kh: 7 g, kcal: 183

1. Zum Vorbereiten die Zucchiniblüten jeweils abschneiden und den Blütenstempel entfernen. Die Blütenblätter vorsichtig abspülen und abtropfen lassen.

2. Für die Vinaigrette Möhren und Sellerie putzen, schälen, abspülen, abtropfen lassen und in sehr kleine Würfel schneiden. Lauch putzen, die Stange längs halbieren, gründlich waschen und abtropfen lassen. Lauch ebenfalls in kleine Würfel schneiden.

3. Schalotten abziehen und klein würfeln. Knoblauch schälen, mit der flachen Hand anschlagen. Himbeeressig mit Gemüsebrühe verrühren, Olivenöl unterschlagen. Die Vinaigrette mit Salz, Pfeffer und 1 Prise Zucker würzen. Gemüse-, Schalottenwürfel und die Knoblauchzehen hinzugeben und etwa 30 Minuten marinieren.

4. Die Zucchini abspülen, abtrocknen und die Enden abschneiden. Zucchini mit einer Küchenmaschine in hauchdünne Scheiben schneiden.

5. Die Zucchinischeiben auf einem großen Teller anrichten. Gemüsevinaigrette (Knoblauchzehen vorher entfernen) darauf verteilen.

6. Zucchinicarpaccio mit den Blütenblättern, den Schnittlauchröllchen und dem abgespülten, trocken getupften Friséesalat garnieren.

WARENKUNDE:

Zucchini gehören zur Familie der Kürbisgewächse. Es gibt Sorten mit grüner, gelber und weißer Schale, alle haben ein weißliches Fruchtfleisch, das viele Kerne enthält. Man erntet Zucchini bei einer Größe von 15–20 cm, weil sie dann besonders schmackhaft sind. Zucchini enthalten pro 100 g nur etwa 18 kcal, dafür aber Kalium, Magnesium, Eisen und Beta-Carotin. Im Gemüsefach des Kühlschranks bleiben sie 3–4 Tage frisch.

ZUCCHINI-PASTA-SALAT MIT BERGSALAMI

Zubereitungszeit: 25 Minuten

ZUTATEN FÜR 4 PORTIONEN

250 g Nudeln (z. B. Rigatoni oder Penne)
50 g getrocknete Tomaten
400 g Zucchini
½ Topf Basilikum
100 g luftgetrocknete Bergsalami
50 g Parmesan-Käse
3–4 EL Olivenöl
1–2 Knoblauchzehen
2 EL Weißweinessig, frisch gem. Pfeffer

PRO PORTION:

E: 19 g, F: 22 g, Kh: 50 g, kcal: 472

1. Wasser in einem großen Topf zugedeckt zum Kochen bringen. Dann Salz und Nudeln zugeben. Die Nudeln im geöffneten Topf bei mittlerer Hitze nach Packungsanleitung bissfest kochen, dabei gelegentlich umrühren.

2. In der Zwischenzeit Tomaten klein würfeln. Zucchini abspülen, abtrocknen und die Enden abschneiden. Zucchini grob raspeln. Basilikum abspülen, trocken tupfen und die Blättchen von den Stängeln zupfen. Die Blättchen grob schneiden.

3. Von der Salami die Haut (Pelle) entfernen. Salami in hauchdünne Scheiben schneiden. Parmesan grob raspeln.

4. Die Nudeln in ein Sieb geben, mit heißem Wasser abspülen und abtropfen lassen. Nudeln zugedeckt warm stellen.

5. Das Olivenöl in einer großen Pfanne erhitzen. Knoblauch abziehen und durch eine Knoblauchpresse in die Pfanne drücken. Knoblauch kurz andünsten.

6. Dann Zucchiniraspel und Tomatenwürfel dazugeben und unter Rühren etwa 2 Minuten garen. Die Pfanne von der Kochstelle nehmen. Essig unterrühren. Die Zucchini-Vinaigrette mit Salz und Pfeffer würzen.

7. Die Nudeln noch warm mit der Zucchini-Vinaigrette und dem geschnittenen Basilikum mischen. Salat auf Tellern anrichten und mit Salami, Basilikumblättchen und Parmesan garniert servieren.

ZUCKERSCHOTEN-SALAT MIT KARTOFFEL-DRESSING

Zubereitungszeit: 30 Minuten, ohne Abkühlzeit
+ Vegetarisch

ZUTATEN FÜR 4 PORTIONEN

200 g Zuckerschoten
Salz
1 Kohlrabi
1 gelbe Paprikaschote
½ Salatgurke
1 dickes Bund Radieschen
125 g Rucola (Rauke)

FÜR DAS KARTOFFEL-DRESSING:

150 g gegarte Pellkartoffeln, z.B. vom Vortag
etwa 200 ml Gemüsebrühe
2 EL Olivenöl
½–1 TL mittelscharfer Senf
½–1 TL flüssiger Honig
2 EL Zitronensaft
1 EL Balsamico-Essig
gem. Pfeffer
1 TL gehackte TK-Petersilie

PRO PORTION:

E: 6 g, F: 6 g, Kh: 19 g, kJ: 649, kcal: 155

1. Von den Zuckerschoten die Enden abschneiden. Die Schoten evtl. abfädeln. Zuckerschoten abspülen und in kochendem Salzwasser etwa 2 Minuten blanchieren. Danach mit kaltem Wasser abschrecken und abtropfen lassen. Zuckerschoten evtl. quer halbieren und abkühlen lassen.

2. Inzwischen Kohlrabi schälen, abspülen und abtropfen lassen. Kohlrabi in feine Stifte schneiden. Paprikaschote halbieren, entstielen, entkernen und die weißen Scheidewände entfernen. Schotenhälften abspülen, abtropfen lassen und in kleine Würfel schneiden.

3. Salatgurke abspülen, abtrocknen und das Ende abschneiden. Gurke längs halbieren, entkernen und in dünne Scheiben schneiden. Die Radieschen putzen, waschen, abtropfen lassen und in dünne Scheiben schneiden.

4. Rucola verlesen und dicke Stängel abschneiden. Rucola abspülen, gut abtropfen lassen und evtl. etwas kleiner zupfen.

5. Für das Dressing die Pellkartoffeln pellen und in Stücke schneiden. Die Kartoffelstücke mit der Brühe in einen hohen Rührbecher geben und mit einem Pürierstab so fein pürieren, dass ein cremiges Dressing entsteht.

6. Anschließend das Olivenöl, den Senf und den Honig unterrühren.

7. Dressing mit Zitronensaft, Balsamico-Essig, Salz und Pfeffer abschmecken. Zuletzt die Petersilie unterrühren.

8. Vor dem Servieren Zuckerschoten, Kohlrabistifte, Paprikawürfel, Gurken- und Radieschenscheiben mit Rucola vermischen und auf Tellern verteilen. Das Kartoffel-Dressing über den Salat träufeln.

ZÜRICHER GESCHNETZELTES

◷ Zubereitungszeit: 20 Minuten
▲ Mit Alkohol

ZUTATEN FÜR 4 PORTIONEN

2 mittelgroße Zwiebeln
500 g Kalbfleisch (aus der Keule)
2 EL Weizenmehl
3 EL Butter oder Margarine
125 ml Weißwein
250 g Schlagsahne
Salz
gem. Pfeffer
Zucker

PRO PORTION:

E: 29 g, F: 35 g, Kh: 9 g, kcal: 491

1. Die Zwiebeln abziehen und klein würfeln. Das Fleisch mit Küchenpapier abtupfen und in hauchdünne Scheiben schneiden. Fleischscheiben mit Mehl bestäuben.

2. Von der Butter oder Margarine 1 Esslöffel in einer beschichteten Pfanne zerlassen. Ein Viertel der Zwiebelwürfel und die Hälfte der Fleischscheiben darin etwa 2 Minuten unter gelegentlichem Wenden braten (Fleisch darf nicht braun werden!) und aus der Pfanne nehmen. Das Fleisch in einer Schüssel warm stellen, mit einem Teller zudecken.

3. Wieder 1 Esslöffel Butter oder Margarine in der Pfanne zerlassen. Dann die restlichen Fleischscheiben und ein weiteres Viertel der Zwiebelwürfel hineingeben und auf die gleiche Weise zubereiten.

4. Die restliche Butter oder Margarine zerlassen, restliche Zwiebelwürfel darin etwa 3 Minuten dünsten und mit Wein ablöschen. Die Sahne und die warm gestellten Fleischscheiben hinzufügen, mit Salz, Pfeffer und 1 Prise Zucker würzen. Das Geschnetzelte etwa 5 Minuten erhitzen und sofort servieren.

TIPP:

Sie können zusätzlich 200 g geputzte und in Scheiben geschnittene Champignons mit der letzten Portion Zwiebelwürfel andünsten. Dann wie im Rezept beschrieben weiter zubereiten.

BEILAGE:

Dazu passen Berner Rösti, Spätzle oder Reis und Blattsalat.

ZWIEBELMETT-PIZZA

Zubereitungszeit: 25 Minuten
Backzeit: etwa 12 Minuten je Backblech

ZUTATEN FÜR 4 PORTIONEN

FÜR DEN TEIG:

300 g Weizenmehl
1 gestr. TL Salz
1 TL Zucker
175 ml Milch (3,5 % Fett)

FÜR DEN BELAG:

400 g abgetropfte stückige Tomaten (aus der Dose)
Salz
gem. schwarzer Pfeffer
Zucker
2 EL Olivenöl
400 g Zwiebelmett
200 g ger. Gouda, Mozzarella oder Pizzakäse
1 mittelgroße Zwiebel
12 Stängel Thymian

PRO PORTION:

E: 38 g, F: 35 g, Kh: 67 g, kcal: 740

1. Für den Teig das Mehl in eine Rührschüssel geben. Salz, Zucker und Milch hinzugeben. Die Zutaten mit einem Mixer (Knethaken) zunächst kurz auf niedrigster, dann auf höchster Stufe zu einem glatten Teig verarbeiten. Den Teig kurz ruhen lassen.

2. Für den Belag in der Zwischenzeit stückige Tomaten mit einem Pürierstab pürieren. Die Tomatensauce mit Salz, Pfeffer, 1 Prise Zucker und Olivenöl würzen.

3. Den Backofen vorheizen.
Ober-/Unterhitze: etwa 220 °C
Heißluft: etwa 200 °C

4. Den Teig in 4 gleich große Portionen teilen und jeweils auf der leicht bemehlten Arbeitsfläche zu einem flachen runden Fladen ausrollen. Je 2 Fladen auf ein Backblech (mit Backpapier belegt) legen.

5. Die Teigfladen mit der Tomatensauce bestreichen. Zwiebelmett aus der Haut drücken, mit den Händen in kleine Stücke zupfen und auf der Tomatensauce verteilen. Mit Käse bestreuen. Die Zwiebel abziehen, in Streifen schneiden und auf die Pizzen legen.

6. Die Backbleche nacheinander (bei Heißluft zusammen) in den vorgeheizten Backofen schieben. Pizzen etwa 12 Minuten je Backblech knusprig braun backen.

7. In der Zwischenzeit Thymian abspülen und trocken tupfen. Die Thymianstängel nach etwa 10 Minuten Backzeit auf den Pizzen verteilen und die Pizzen fertig backen.

8. Die Pizzen vom Backpapier lösen und auf Pizzatellern verteilen. Die Pizzen mit Pfeffer bestreuen. Sofort servieren.

TIPPS:

Die Zwiebelmett-Pizza mit frisch gezapftem Bier oder leichtem Weißwein servieren. Nach Belieben 1 Teelöffel abgetropfte Kapern nach den Zwiebelstreifen auf der Pizza verteilen (Punkt 5). Alternativ können Sie auch einen fertigen Pizzateig (aus dem Kühlregal) verwenden.

REZEPTABWANDLUNG:

Anstelle der Tomatensauce einfach 300 g Crème fraîche mit Salz und Pfeffer abschmecken, auf den ausgerollten Teigfladen verteilen und die Pizzen wie ab Punkt 5 beschrieben weiter zubereiten.

REGISTER

BURGER, SANDWICH, BROT UND PIZZA

FISCH UND MEERESFRÜCHTE

FLEISCH UND WURST

NUDELN

REIS, BULGUR UND COUSCOUS

SALATE

SÜSSES AUS DER PFANNE

SUPPEN UND EINTÖPFE

VEGETARISCH

VEGAN

LAKTOSEFREI

Für Fragen, Vorschläge oder Anregungen steht Ihnen der Verbraucherservice der Dr. Oetker Versuchsküche
Telefon: 00800 71 72 73 74
Mo.–Fr. 8:00–18:00 Uhr, Sa. 9:00–15:00 Uhr (gebührenfrei in Deutschland) zur Verfügung.

Kaiserstraße 14b
D-80801 München

ISBN: 978-3-7670-1745-0
1. Auflage 2017

Projektleitung: Birgitt Filatzek
Redaktion: Annette Riesenberg
Lektorat: Redaktionsbüro Sieck, Neumünster
Rezeptentwicklung und -beratung:
Rocco Dressel, Hamburg

Nährwertberechnungen: Nutri Service, Hennef, Angelika Ilies, Langen

Titelfotos:
Fotostudio Diercks (Thomas Diercks, Kai Boxhammer, Christiane Krüger), Hamburg außer Claudia Gödke, Berlin (3. Reihe, 2. von re.)

Foodfotografie:
Walter Cimbal, Hamburg (S. 90, 135,174,202)
Fotostudio Diercks (Thomas Diercks, Kai Boxhammer, Christiane Krüger), Hamburg (S. 4, 5, 19, 24, 26, 30, 32, 34, 40, 41, 42, 43, 44, 45, 47, 48, 50, 57, 60, 63, 64, 65, 67, 71, 72, 73, 74, 75, 78, 79, 80, 81, 85, 87, 89, 91, 94, 95, 102, 105, 107, 112, 115, 116, 120, 121, 125, 126, 132, 136, 137, 138, 142, 144, 145, 146, 148, 149, 150, 151, 154, 156, 159, 160, 161, 164, 166, 168, 171, 172, 173, 183, 185, 193, 194, 196, 197, 200, 220, 204, 206, 208)
Eising Studio Food Photo & Video, München (S. 8, 16, 97, 99, 111, 110, 128, 131, 139, 169, 173, 178, 182, 191)
Claudia Gödke, Berlin (S. 20, 190)
Janne Peters, Hamburg (S. 6, 9, 14, 28, 29, 35, 37, 50, 54, 68, 71, 83, 100, 118, 122, 143, 152, 162, 179, 180, 187, 192, 207, 210)
Antje Plewinski, Berlin (S. 10, 11, 13, 23, 27, 31, 39, 53, 55, 58, 59, 61, 76, 84, 93, 98, 103, 108, 129, 141, 167, 176, 188, 199, 205, 209)
Anke Politt, Hamburg (S. 201)
Axel Struwe, Bielefeld (S. 17, 88)
Brigitte Wegner, Bielefeld (S. 140)
Winkler Studios, Bremen (S. 12, 33, 38, 96, 101, 175, 184, 195)

Artdirektion und Grafikdesign:
seidldesign, Stuttgart

Lithografie: Jan Russok
Herstellung: Frank Jansen
Satz und Layout: Büro 18, Friedberg / Bayern

Druck und Bindung:
optimal media GmbH, Röbel

Die Bücher und E-Books unter der Marke Dr. Oetker Verlag erscheinen als Lizenz in der ZS Verlag GmbH.
www.facebook.de/Dr.OetkerVerlag
Die ZS Verlag GmbH ist ein Unternehmen der Edel AG, Hamburg.
www.zsverlag.de
www.facebook.de/zs-verlag